ESSAY

KRITIK

MARGINALIEN

Jan von Brevern, geb. 1975, Heisenberg-Professor für Kunst- und Kulturgeschichte an der Bauhaus-Universität Weimar.
jan.brevern@uni-weimar.de

Martin Sabrow, geb. 1954, war Professor für Neueste Geschichte und Zeitgeschichte an der Humboldt-Universität zu Berlin und Direktor des Zentrums für Zeithistorische Forschung in Potsdam. 2023 erschienen *Zeitenwenden in der Zeitgeschichte* und *Gewalt gegen Weimar. Zerreißproben der frühen Republik 1918–1923* (Hrsg.).

Oliver Schlaudt, geb. 1978, lehrt Philosophie und Politische Ökonomie an der Hochschule für Gesellschaftsgestaltung HfGG in Koblenz. 2024 erschien *Zugemüllt. Eine müllphilosophische Deutschlandreise*.

Heinrich Bosse, geb. 1937, Dozent. 2021 erschien *Medien, Institutionen und literarische Praktiken der Aufklärung*.
heinrich.bosse@germanistik.uni-freiburg.de

Gunnar Hindrichs, geb. 1971, Professor für Philosophie an der Universität Basel. 2020 erschien *Zur kritischen Theorie*; 2024 *Abseits des Krieges. Ein philosophischer Essay*.

Eric Foner, geb. 1943, Historiker, DeWitt Clinton Professor an der Columbia University. 2019 erschien *The Second Founding: How the Civil War and Reconstruction Remade the Constitution*. – Der Beitrag erschien unter dem Titel *A »Wary Faith« in the Courts* in der *New York Review of Books* vom 4. April 2024.

Christian Wiebe, geb. 1980, Germanist, Wissenschaftlicher Mitarbeiter an der TU Braunschweig. 2021 erschien *›So kein Mund aussprechen kann‹. Barocklyrik von Frauen* (Hrsg. zus. m. Zozan Karabulut); 2022 *Engel Christine Westphalen: Charlotte Corday. Tragödie in fünf Akten*. Mit einem Nachwort hrsg. v. Christian Wiebe.

René Aguigah, geb. 1974, Kulturjournalist, Ressortleiter Literatur bei Deutschlandfunk und Deutschlandradio Kultur. Im Juli 2024 erscheint *James Baldwin. Ein Zeuge*. – Bei dem Beitrag handelt es sich um den Vorabdruck eines Kapitels aus diesem Buch.
rene.aguigah@deutschlandradio.de

Sibylle Severus, geb. 1937, Schriftstellerin. 2015 erschienen der Roman *Nauenfahrt* und die Erzählungen *Die Große Kunst*.
sibylle.severus@bluewin.ch

Andreas Dorschel, geb. 1962, Professor für Ästhetik an der Kunstuniversität Graz. 2021 erschien *Wortwechsel. Zehn philosophische Dialoge*, 2022 *Mit Entsetzen Scherz. Die Zeit des Tragikomischen*.

Susanne Neuffer, geb. 1951, Autorin. 2019 erschien *Im Schuppen ein Mann*; 2022 *Sandstein. Zwei Novellen*.
www.susanne-neuffer.de

ZU DIESEM HEFT

Keiner der Beiträge dieser Ausgabe antwortet bewusst auf einen anderen. Und doch gibt es zahlreiche thematische und argumentative Querverbindungen. »Wenn wir den Philosophen Locke ernst nehmen wollen«, heißt es etwa bei Heinrich Bosse, »müssen wir die Geschichte des Kapitalismus mit der Landwirtschaft beginnen lassen, nicht mit den Maschinen.« Locke zufolge war das unbestellte Land in den nordamerikanischen Kolonien nicht etwa Gemeinbesitz der Ureinwohner oder auch der Menschheit, sondern schlicht herrenlos. Wer immer als Erster Arbeit und/oder Kapital in seine Kultivierung investierte, hatte das Recht, es dauerhaft in Besitz zu nehmen. Die Natur wurde dabei als unerschöpflicher Rohstoff betrachtet, der Agrarinvestor als ein Einzelner, der seinen Profit ausschließlich der eigenen unternehmerischen Initiative verdankt und deshalb niemand anderem etwas schuldet.

Dass die Siedlerkolonisten des 17. Jahrhunderts wenig Interesse daran hatten, diese Auffassung zu hinterfragen, verwundert nicht. Dass die Frage nach dem Verhältnis von Profit und Schuld bis in die Gegenwart hinein eher selten und halbherzig gestellt wird, allerdings umso mehr. Schließlich ist der Kapitalismus, wie Oliver Schlaudt in seinem Essay darlegt, »kategorial betrachtet, ein Schuldsystem«. Und zwar eines, in dem perfiderweise nur das Kapital als Schuld gefasst und verbucht werden kann, während »Natur und Arbeit als bloßes Mittel zum Zweck von Erhalt und Vermehrung des Kapitals« betrachtet werden.

Zu den ungewollten Nebenfolgen dieser Praxis gehört nicht zuletzt die verheerende ökologische Gesamtbilanz der monokulturell betriebenen Landwirtschaft von heute. Wir schwer es ist, sich davon zu lösen und dabei auch ökonomisch überzeugende alternative Modelle zu entwickeln, zeigt Jan von Brevern in seinem Essay über die verwehten Spuren des *urban gardening* auf Kuba.

CD/EK

Jan von Brevern

Gärtnern in Havanna

Urban agriculture als Zukunftsmodell

Vom José-Martí-Denkmal an der Plaza de la Revolución überblickt man ganz Havanna. Ein Lift fährt auf die Aussichtsetage des 109 Meter hohen Betonturms. An diesem Mittwoch im Februar 2024 bin ich der einzige Besucher. Innen dröhnt die Klimaanlage und sorgt für Kühlschranktemperaturen, draußen kreisen schwarze Truthahngeier im Aufwind des Denkmals. Fast scheinen sie mit ihren gewaltigen Flügeln die dicken Glasscheiben zu berühren. Unten auf dem Platz hielt Fidel Castro früher zum 1. Mai seine gefürchteten Endlosansprachen (darüber, ob die Reden bis zu neun oder sogar bis zu zwölf Stunden dauerten, herrscht Uneinigkeit). Große Paraden finden hier – wegen akuten Treibstoffmangels – schon seit Längerem nicht mehr statt, und auch an diesem Tag warten auf der riesigen Fläche nur einige der farbenfroh lackierten Oldtimer-Cabrios auf Touristen. Gesäumt wird der Platz von Regierungsgebäuden: dem Zentralkomitee der kommunistischen Partei, dem Sitz der Streitkräfte, dem Innen- und dem Kommunikationsministerium. Dahinter erstreckt sich nach Norden das Vedado-Viertel bis zum Meer.

Der Vedado war Anfang des 20. Jahrhunderts als Viertel der Wohlhabenden entstanden, in den Villen wohnten die Zuckerfabrikanten. Dann, noch vor der Revolution 1959, versammelte sich hier der internationale Jetset, die amerikanische Mafia baute Hotels und Casinos. Neben dem ikonischen Habana Libre – dem ehemaligen, damals noch brandneuen Hilton, das die Revolutionäre 1960 bequemerweise zu ihrem ersten Regierungssitz machten – sieht man nun neue Türme in den Himmel wachsen, allen voran einen zweiundvierzigstöckigen Wolkenkratzer, der demnächst als Luxushotel eröffnet werden soll. Während die Stadt verfällt, die alte Bausubstanz buchstäblich zerbröselt, baut die vom Militär kontrollierte staatliche Tourismusindustrie neue Hotelanlagen. Doch der Tourismus ist nach der Corona-Pandemie eingebrochen, die bestehenden Hotels sind schon jetzt kaum ausgelastet, und die dringend benötigten Devisen bleiben aus.

Aber ich suche die Stadt von hier oben nicht nach Hochhäusern ab, sondern nach Gärten. Denn seit den frühen neunziger Jahren ist Havanna aus einem unerwarteten Grund in den Fokus der Aufmerksamkeit gerückt. Eine grüne Revolution fand hier statt, wie man sie nicht für möglich gehalten hatte. Auf Brachen und in Gärten wuchsen Wurzelgemüse und Kürbisse,

Mais und Zwiebeln, Guaven und Bananen. Havanna wurde zum Modell für *urban agriculture*: ökologisch, sozial und nachhaltig. Es gab kleine und kleinste Anbauflächen, dazwischen größere Betriebe, Hühner und Ziegen wurden gehalten, lokale Märkte entstanden in den Vierteln. Alles staatlich unterstützt, finanziell und vor allem mit Wissen gefördert. Universitäre Forschungseinrichtungen wurden gegründet, die sich mit der Optimierung von städtischer Landwirtschaft befassten, PhD-Programme aufgelegt. »Cuba has emerged as a world leader in sustainable agricultural practices«, schrieb die amerikanische Forscherin Carey Clouse 2014, und zentral dafür sei ein »flourishing urban farming program«.[1] Experten aus aller Welt reisten an, informierten sich, staunten: 1998 soll es 8000 registrierte landwirtschaftliche Gärten in Havanna gegeben haben, die ganze 30 Prozent des Stadtgebiets einnahmen. Ließe sich von Kuba, dem Land der ewigen Revolution im Leerlauf, tatsächlich etwas lernen?

Doch scheint es der urbanen Landwirtschaft in den letzten Jahren so schlecht ergangen zu sein wie dem einstigen Hoffnungsträger Tourismus. Zwei Tage lang war ich durch den Vedado gelaufen, hatte Ausschau gehalten nach *Organopónicos* und *Mini Huertas*, der staatlich organisierten, aber teils privat betriebenen innerstädtischen Landwirtschaft, von der ich so viel gelesen hatte und die angeblich halb Havanna mit Obst und Gemüse versorgte. Die großzügige Bebauung des ehemals reichen Viertels mit seinen üppigen Gärten bot dafür die ideale Umgebung. Mit einer zehn Jahre alten Karte in der Hand, die mir die Positionen der Anbauflächen genau angab, durchstreifte ich die Straßen. Und fand – nichts. Bis mir eine Kollegin von ihrer Entdeckung berichtete: Vom Martí-Denkmal aus habe sie Felder gesehen. Und tatsächlich, Richtung Westen, am Rand des Vedado, sind zwischen Wohnblocks und Regierungsgebäuden Äcker zu erkennen. Ich rufe den Lift, fahre hinunter und mache mich auf den kurzen Fußweg dorthin.

Landwirtschaft in der Stadt

Wir – eine Gruppe von Wissenschaftlerinnen, Architekten und Studenten aus Weimar – sind auf Kuba auf einer »fact finding mission«: Ließe sich hier eine akademische Partnerschaft aufbauen? Die Verbindungen der Bauhaus-Universität nach Kuba reichen in DDR-Zeiten zurück, als kubanische Architekten und Bauingenieure in Weimar ausgebildet wurden. Rubén Bancroft, bis heute eine der prägenden Figuren der kubanischen Architektenausbil-

1 Carey Clouse, *Farming Cuba. Urban Agriculture from the Ground Up*. Princeton Architectural Press 2014.

dung, promovierte in den 1970er Jahren in Weimar und gründete später die Architekturfakultät an der Technischen Universität Havanna (CUJAE). Mit ihm sind wir unterwegs, treffen Gesprächspartner an verschiedenen Universitäten, sprechen mit Stadtplanerinnen, informieren uns über die Situation der Architektur und Denkmalpflege auf Kuba, reden über mögliche Austauschprogramme für Studenten. Es dauert ein paar Tage, bis wir die grundlegendsten Dinge kapiert haben: dass zum Beispiel Architekten auf Kuba nicht als freie Architekten arbeiten dürfen (und wie sie es trotzdem machen); dass die Gehälter für Professoren so niedrig sind, dass viele von ihnen noch anderen, informellen Jobs nachgehen müssen; oder dass Universitätsseminare bisweilen per WhatsApp unterrichtet werden, weil aufgrund des Treibstoffmangels häufig keine Busse fahren und dann weder Studenten noch Dozenten an die Uni gelangen. Die Bedingungen sind schwierig, die Motivation von Lehrkräften und Lernenden aber ist hoch und das Interesse an internationaler Zusammenarbeit »auf Augenhöhe« groß. Wäre das kubanische Modell der städtischen Landwirtschaft, das, wie Jorge Peña, Professor für Architektur in Havanna, schreibt, reiche Anregungen für die Stadt der Zukunft bereithält, dafür nicht ein ideales Thema?[2]

Mein Interesse an städtischer Landwirtschaft hat sich aus Lehrveranstaltungen in Weimar seit dem vergangenen Jahr entwickelt, in denen die Studierenden und ich aus kulturhistorischer Perspektive über die Herausforderungen des ländlichen Raums nachgedacht haben. Überall auf der Welt werden Alternativen zur gegenwärtigen Landwirtschaft erprobt. Hightech-Ansätze wie *vertical farming* und *pixel farming* (das auf KI-Roboter setzt) stehen neben kleinteiligen *urban gardening*-Initiativen.[3] Im indischen Bundesstaat Andhra Pradesh stellen kleinbäuerliche Betriebe mit staatlicher Unterstützung gerade auf Permakultur um, dort wachsen wieder verschiedene Fruchtpflanzen gemeinsam auf Feldern, wodurch der Einsatz von chemischen Düngern und Pestiziden überflüssig wird, die Felder Unwetter und Dürren besser verkraften, Erträge und auch die Biodiversität sich verbessern.[4] Die großflächige, monokulturelle Landwirtschaft, wie sie heute

2 Jorge Peña Díaz, *Evolving Design Roles*. In: Clouse, *Farming Cuba*.

3 Dickson Despommier, *The Vertical Farm. Feeding the World in the 21st Century*. New York: Picador 2020; Lenora Ditzler, *Pixel Farming*. In: AMO/Rem Koolhaas (Hrsg.), *Countryside. A Report*. Köln: Taschen 2022; Andrea Baier/Christa Müller/Karin Werner (Hrsg.), *Unterwegs in die Stadt der Zukunft. Urbane Gärten als Orte der Transformation*. Bielefeld: transcript 2024.

4 Christiane Grefe, *Hier wächst was! Indien wagt eine Agrarrevolution und setzt auf Öko*. In: *Zeit* vom 18. Januar 2024 (www.zeit.de/2024/04/landwirtschaft-indien-oeko-duenger-zukunft).

in den entwickelten Ländern betrieben wird, sorgt zwar noch für verlässliche Ernten, produziert nebenbei aber enorme Probleme: Abhängigkeiten der Landwirte von der Agrarindustrie (Dünger, Pestizide, Hybridsaatgut), enormer Wasserverbrauch und Nitratverschmutzung, verminderte Widerstandskraft der Böden gegen Wetterextreme.

Häufig wird auch übersehen, in welchem Ausmaß die derzeitige Landwirtschaft auf Erdöl basiert und damit ein Treiber des Klimawandels ist – die großen Flächen müssen energieintensiv gedüngt und bewirtschaftet, die Produkte um den ganzen Globus transportiert werden. Umwelthistoriker weisen darauf hin, dass die enormen Produktionssteigerungen im Agrarsektor im 20. Jahrhundert auf die Umstellung von Sonnenlicht auf fossile Energie zurückzuführen sind. Die »Petromoderne«[5] hat auch die Landwirtschaft erfasst: Eine Kalorie Nahrung benötigt heute durchschnittlich zehn Kalorien Erdöl. Bei Gewächshaustomaten kann das Verhältnis auch mal eins zu sechzig betragen. Vaclav Smil hat dafür ein schönes Bild gefunden: Es ist, als ob man jede einzelne Tomate mit einem Dressing aus 150 Milliliter Dieselöl anmachen würde.[6] Man kann es noch kürzer sagen: Wir essen Erdöl.[7] Aber wollen wir das eigentlich?

Zur Erderwärmung durch die industrielle Agrarwirtschaft kommt die beispiellose Zerstörung der Biodiversität. Die hübsch anzusehenden Mais-, Weizen- oder Rapsfelder, die auch die deutsche Landschaft prägen, sind ökologisch weitgehend tot. Tiere und Pflanzen finden inzwischen vielerorts im urbanen Raum bessere Lebensbedingungen und passen sich evolutionär bereits an die Stadt an.[8] Wenn sich das Insektensterben fortsetzt, die Böden durch den Klimawandel erodieren und das Wasser knapper wird, bedroht das ganz konkret die Lebensmittelversorgung der nahen Zukunft.

Die Art und Weise, wie Landwirtschaft betrieben wird, muss sich grundlegend ändern, darin sind sich die Experten einig – auch wenn die Bauernverbände auf nationaler und europäischer Ebene ihre gewaltige Lobbymacht einsetzen, um den Status quo zu erhalten. Doch alles spricht dafür, dass der Wandel unausweichlich ist. Ein Element dieses Wandels könnte die partielle

5 Vgl. Alexander Klose/Benjamin Steininger, *Geister der Petromoderne*. In: *Merkur*, Nr. 890, Juli 2023.

6 Vaclav Smil, *The Tomato's Energy Footprint*. In: *IEEE Spectrum*, Nr. 58/3. März 2021.

7 Richard Manning, *The Oil We Eat*. In: *Harper's Magazine*, Februar 2004.

8 Menno Schilthuizen, *Darwin Comes to Town. How the Urban Jungle Drives Evolution*. New York: Picador 2018; Matthew Gandy, *Natura Urbana. Ecological Constellations in Urban Space*. Cambridge (MA): The MIT Press 2022.

Rückkehr der Landwirtschaft in die Städte sein.[9] »Urban agriculture« mag sich für das moderne Ohr paradox anhören, assoziieren wir Landwirtschaft doch mit dem ländlichen Raum – also mit dem Gegenteil von »Stadt«. Aber in der europäischen Geschichte war städtische Landwirtschaft immer eher die Regel als die Ausnahme, und nicht wenige Experten sehen darin ein Zukunftsmodell.[10] Nicht zuletzt deshalb ist das auch für Urbanistinnen und Architekten ein drängendes Thema.

Kuba scheint ein unwahrscheinlicher Ort zu sein, um nach Lösungen zu suchen. Die kubanische Landwirtschaft hatte bis 1989 fast ausschließlich auf Tabak- und vor allem Zuckerrohr-Monokulturen gesetzt, Lebensmittel wurden aus den sozialistischen Bruderstaaten importiert. Als der Ostblock zusammenbrach, kam es zu Hungersnöten. Eine vollständige Umstellung des Agrarsektors wurde nötig. Aus der Sowjetunion hatte man bis dahin auch Landmaschinen, Dünger und Treibstoff bezogen. All das fehlte nun, die Felder konnten nicht mehr bewirtschaftet werden. Die »Sonderperiode in Friedenszeiten« begann, ein Notstandsprogramm, mit dem die Regierung auf den Kollaps der Wirtschaft reagierte. Teil dieses Programms war die Überführung staatlicher Agrarbetriebe in selbstverwaltete Kooperativen.[11]

Kuba war zwar jahrzehntelang ein Sehnsuchtsort der europäischen Linken, die nicht müde wurde, auf die hohen Standards in der Medizin und der Bildung hinzuweisen. Aber die Lebensmittelversorgung war immer schon die Achillesferse des kubanischen Sozialismus. Es gibt einen alten Witz, den auf Kuba jeder kennt: »Welches sind die Errungenschaften der Revolution? Gesundheitsvorsorge, Bildung und Sport. Und die Fehler? Frühstück, Mittagessen, Abendessen.« Die kubanische Landwirtschaft war chronisch ineffektiv und kaum darauf ausgerichtet, die Grundversorgung der Bevölkerung zu gewährleisten. Doch nach 1990 wurde daraus eine akute Krise: Es gab viel zu wenige Lebensmittel, und was im ländlichen Raum produziert wurde, erreichte aufgrund fehlender Transport- und Kühlmöglichkeiten nicht mehr die städtische Bevölkerung. »In response to this, city-dwellers

9 André Viljoen / Katrin Bohn (Hrsg.), *Second Nature Urban Agriculture. Designing Productive Cities*. London: Routledge 2014; Craig Verzone / Cristina Woods, *Food Urbanism. Typologies, Strategies, Case Studies*. Basel: Birkhäuser 2021.

10 Erich Landsteiner / Tim Soens (Hrsg.), *Farming the City. The Resilience and Decline of Urban Agriculture in European History*. Innsbruck: Studienverlag 2020; Frank Lohrberg u.a. (Hrsg.), *Urban Agricultural Heritage*. Basel: Birkhäuser 2022.

11 Hans-Jürgen Burchardt, *Kubas langer Marsch durch die Neunziger – eine Übersicht in Etappen*. In: Ottmar Ette / Martin Franzbach (Hrsg.), *Kuba heute. Politik, Wirtschaft, Kultur*. Frankfurt: Vervuert Verlag 2001.

started to produce their own food in balconies, gardens, yards and vacant lots in urban areas, individually or collectively.«[12]

Die Vorteile der städtischen Landwirtschaft liegen auf der Hand: lokale Produktion mit kurzen Transportwegen, die nicht nur ökologisch ist, sondern auch zur Ausbildung sozialer Strukturen beiträgt. Ab 1994 wurde städtische Landwirtschaft zur offiziellen staatlichen Strategie, um die Lebensmittelkrise in den Griff zu bekommen. Ein wichtiges Element dabei war, dass Bauern zumindest einen Teil ihrer Produktion selbst verkaufen durften und damit erstmals von den Ernten profitierten. Wer in Carey Clouses Buch blättert oder in einer der anderen Publikationen, die bis 2020 darüber berichten, spürt einen enormen Optimismus. Die »success story of ground-up urban agriculture« betraf nicht nur Kuba, sondern sollte Wege zur Stadt der Zukunft auch in den OECD-Staaten aufzeigen.[13]

Heute, nur vier Jahre später, scheinen von der blühenden Stadtlandschaft nur noch vereinzelte grüne Inseln übriggeblieben zu sein. Der Organopónico 5to Congresso, den ich vom Denkmal aus gesehen hatte, sieht aus der Nähe wenig betriebsam aus. Nur ein Teil der Fläche von etwa einem halben Hektar ist bepflanzt. Ein Container dient als Laden für den Direktverkauf – ein typisches Element der städtischen Farmen –, ist aber geschlossen. Im Schatten eines Baums sitzt ein älterer Herr und scheint auf den Garten aufzupassen, er winkt mich hinein. Ein Kunde kommt vorbei und bittet um etwas Oregano, ein paar Pesos wechseln den Besitzer. Ich laufe zwischen den Beeten umher, hauptsächlich Salate und Kräuter wachsen hier. Ein paar Meter weiter befindet sich ein weiterer, noch kleinerer Garten, auch hier ist der Verkaufsstand geschlossen, niemand ist zu sehen. Die Hochbeete sind mit Blattgemüse bepflanzt, Fläche und Ertrag könnten in etwa dem von zwei Schrebergärten entsprechen. Wenn so die kubanische »food revolution« aussieht, dann müsste es tatsächlich Tausende solcher Gärten geben – und es besteht wenig Zweifel, dass es sie auch gab.[14] Was hat sie zum Verschwinden gebracht?

12 Ingrid Hanon, *Cuba, agriculture and socialist renewal*. In: *International Journal of Cuban Studies*, Nr. 12/2, Winter 2020.

13 Jonathan Tate, *The Productive City*. In: Clouse, *Farming Cuba*. Typisch dafür ist auch, dass Kuba als Vorbild in populären Veröffentlichungen zum Urban Gardening behandelt wird, vgl. etwa Robert Klanten / Andrea Servert Alonso-Misol (Hrsg.), *Stadt Gärten. Die wachsende Begeisterung für Urban Farming*. Berlin: Gestalten 2021.

14 Timothy A. Schuler, *Food Revolution. Interview with Carey Clouse*. In: *Landscape Architecture Magazine*, Nr. 105/4, April 2015.

Die kubanische Krise

Die Stände auf dem *Agromercado* im Vedado-Viertel sind gut gefüllt. Tomaten, Paprika, Zwiebeln, Auberginen, Bananen und Guaven, sogar Fleisch gibt es zu kaufen. Aber die Preise sind zu hoch. »Millionärsmarkt« wird er in Havanna genannt. Zweihundert Pesos kostet das Pfund Zwiebeln, tausend Pesos ein Kilo Reis – unbezahlbar für die meisten, die mit dem regulären Monatseinkommen von etwa fünftausend Pesos (umgerechnet rund zwanzig Euro) auskommen müssen. Die Inflation der letzten Jahre hat, zusammen mit weiter sinkender Produktivität in der Landwirtschaft, Grundnahrungsmittel zu Luxusgütern gemacht.

Hier, auf dem Bauernmarkt, zeigen sich die Probleme der kubanischen Landwirtschaft unmittelbar. Der Markt werde privat betrieben, erklärt mir Luis, der gerade auf dem Nachhauseweg ist. Er arbeitet als Nachtwächter in einer Schule und verdient nur zweitausend Pesos im Monat. In den 1980er Jahren war er für einige Zeit in Neubrandenburg, arbeitete dort in einer Fabrik, immer noch spricht er ein wenig Deutsch. Reformen der letzten Jahre haben einige privatwirtschaftliche Nischen entstehen lassen, unter anderem im Lebensmittelhandel. Während die staatlichen Abnahmepreise für landwirtschaftliche Güter oft unter den Produktionskosten liegen, bezahlen die Betreiber dieses Marktes den Bauern etwas mehr. Daher gelangen die besseren Lebensmittel immer zuerst hierher. Luis kauft auf einem anderen, staatlich betriebenen Markt ein, der ein reduzierteres Angebot hat, aber ein wenig günstiger ist. Doch selbst dort entspricht der Preis für ein Pfund getrocknete Bohnen einem Fünftel seines Monatseinkommens. Über die Runden kommt Luis nur, weil sein Sohn nach Dänemark ausgewandert ist und ihm ab und zu Geld überweist.

Das kommunistische Kuba befindet sich derzeit in der schwersten Krise seiner Geschichte.[15] Anfang März hat die Regierung zum ersten Mal beim World Food Programme der UN um Hilfe gebeten, denn Milchpulver für Kinder ist knapp. Für den Präsidenten Miguel Díaz-Canel, der 2018 Raúl Castro beerbt hat, ist das ein beispielloses Eingestehen des Scheiterns. Aber längst geht es nicht mehr nur um Milchpulver; es fehlt an allem. Es gibt keine Medikamente, kein Benzin, kein Baumaterial. In der Altstadt von Havanna, die seit Jahrzehnten dem Verfall preisgegeben ist – Florian Borchmeyers Film *Havanna – Die neue Kunst, Ruinen zu bauen* zeigte das schon 2006 eindringlich –, kollabieren die Häuser. Der öffentliche Nahverkehr ist weit-

15 *Cuba's private-sector experiment is faltering*. In: *Economist* vom 3. Januar 2024.

gehend eingestellt, überall in der Stadt sieht man Gruppen von Menschen, die stundenlang auf Busse warten, um zur Schule, Universität oder an ihren Arbeitsplatz zu kommen. Auf das hohe Niveau der medizinischen Versorgung war Kuba zu Recht lange Zeit stolz, doch inzwischen ist selbst das Gesundheitswesen zusammengebrochen. Der Staat ist nicht nur bei anderen Ländern, sondern auch bei ausländischen Firmen hochverschuldet, so dass medizinische Ausrüstung und Medikamente kaum noch ins Land kommen. Operationen können mangels Narkosemittel nicht mehr durchgeführt werden.

Nach Schätzungen leben heute fast 90 Prozent der Einwohner Kubas in Armut.[16] Und anders als während der »Sonderperiode« Anfang der neunziger Jahre scheint es keine Hoffnung auf Besserung mehr zu geben. Die Schuld für die Krise den US-Sanktionen zuzuschieben und so von der eigenen Misswirtschaft abzulenken, überzeugt die Kubaner offenbar kaum noch. Nachdem die Regierung 2021 Proteste der Bevölkerung niedergeschlagen und Protestierende verhaftet hat, verlassen Hunderttausende Kubaner ihr Land. Eine halbe Million Menschen sollen allein in den letzten beiden Jahren ihr Glück in den USA und in Mexiko gesucht haben – obwohl die Reiserouten durch Mittelamerika immer gefährlicher werden. Es ist die mit Abstand größte Ausreisewelle seit der Revolution.[17]

Am dramatischsten aber steht es um die Lebensmittelversorgung. Hunger ist – lange undenkbar – wieder ein drängendes Problem, Teile der Bevölkerung sind mangelernährt. Die landwirtschaftliche Produktion ist von niedrigem Niveau in den letzten Jahren weiter gefallen, mehr als vier Fünftel des Bedarfs müssen importiert werden. Wäre *urban agriculture* nicht gerade jetzt dringend notwendig?

Mehr Havanna in Berlin

Am letzten Tag meines Aufenthalts habe ich es wieder meiner Kollegin, der Architektin Nadin Augustiniok, zu verdanken, dass ich doch noch einen Garten finde. Sie entdeckt den *Micro Huerta* »La Cacaotera« hinter hohen

16 Nach einem Bericht des Cuban Observatory of Human Rights (OACDH) von 2023 haben 88 Prozent der Kubaner weniger als 1,90 Dollar pro Tag zur Verfügung. Vgl. Carla Gloria Colomé, *Less electricity, less milk and less meat: Cuba's energy and food crisis worsens*. In: *El País USA* vom 29. September 2023 (english.elpais.com/international/2023-09-29/less-electricity-less-milk-and-less-meat-cubas-energy-and-food-crisis-worsens.html).

17 Martina Scherf, *Der letzte Funken Hoffnung ist erloschen*. In: *SZ* vom 23. Januar 2024.

Mauern auf einer Brache im Zentrum von Havanna. Betonpfeiler, aus denen die rostigen Bewehrungen ragen, deuten darauf hin, dass auf der Parzelle einmal ein Gebäude geplant war. Jetzt wachsen hier Auberginen und etwas Mais, Bohnen, Passionsfrüchte und sogar Zuckerrohr. Ein Teil des Gartens ist mit Bananenpalmen bepflanzt. Zwei junge Frauen, die den Garten betreiben, führen uns herum. Die größte Schwierigkeit, erzählen sie, sei die Beschaffung von Saatgut. Ab und zu schicke ihnen ein Freund aus den USA ein paar Samen zu, ansonsten sei da kaum ranzukommen.

Eine Studie von 2017 kam zu dem Ergebnis, dass das zentrale Element der kubanischen *urban agriculture* die staatliche Unterstützung sei. Von der Bereitstellung von Saatgut und Knowhow über die Zuweisung geeigneter Flächen bis zu privatwirtschaftlichen Anreizen reichten die vom Landwirtschaftsministerium organisierten Maßnahmen.[18] In einem Land, in dem es kaum Geschäfte gibt, in dem man im Grunde nichts kaufen kann – keine Gießkanne, keinen Gartenschlauch und schon gar kein Saatgut –, ist solche institutionelle Förderung grundlegend. Die Vermutung liegt nahe, dass genau diese staatliche Unterstützung vor kurzem weggefallen ist.

Die Herausforderung scheint überall auf der Welt ähnlich zu sein: kleinteilige, dezentrale Landwirtschaft zu etablieren, um eine stabilere und nachhaltigere Nahrungsmittelversorgung zu erreichen, die zugleich noch den sozialen Zusammenhalt stärkt. Und überall stößt das auf Hindernisse, denn – auch das gehört zur Realität der *urban agriculture* – eine solche Landwirtschaft ist teuer. Städtische Flächen müssen zur Verfügung gestellt (und kontaminierte Böden unter Umständen aufbereitet) werden, die Verteilung der vergleichsweise geringen Erzeugnisse ist eine logistische Herausforderung.[19] Wenn mit weniger Dünger und weniger Maschinen auch weniger fossile Energie in die Produktion eingeht, werden Fläche und menschliche Arbeitskraft wieder wichtiger und die unmittelbaren Kosten steigen. Teuer allerdings ist die derzeitige Form der industriellen Landwirtschaft, wie sie in Europa betrieben wird, auch. Nicht nur durch die gigantischen Subventionen, sondern auch durch die kaum abschätzbaren ökologischen Folgekosten.

Lässt sich aus der kubanischen *urban agriculture*, aus ihrem Aufstieg und ihrem Scheitern, also doch etwas lernen? Zumindest wohl, dass städtische

18 Tess McNamara, *Crisis of urban agriculture: Case studies in Cuba*. In: *Tropical Resources*, Nr. 36, 2017.

19 Milica Koscica, *Agropolis: The role of urban agriculture in addressing food insecurity in developing cities*. In: *Journal of International Affairs*, Nr. 67/2, Frühjahr/Sommer 2014.

Formen der Landwirtschaft nicht nur erstrebenswert, sondern möglich sind. *Urban gardening* ist in Europa bisher eher ein Privileg der neuen Mittelklasse, ein Hobby von idealistischen Akademikerkindern, die städtische Brachen besetzen und bebauen. Dabei wird zwar auch Gemüse erzeugt, aber diese Gärten sind »hauptsächlich ein Werkzeug, um andere, nicht-produktionsorientierte Ziele zu erreichen«.[20] Die Akteure selbst beschreiben *urban gardening* bisweilen als »soziale Intervention«.[21] Und doch sind solche Initiativen nicht nur Sozialromantik. Sie sind wichtig, weil sie den Möglichkeitssinn erweitern und so der bisweilen ziemlich ausweglos erscheinenden Landwirtschaftswirklichkeit etwas entgegensetzen. Sie machen aber auch deutlich, dass die Agrarprobleme der Gegenwart nicht mit privaten Initiativen gelöst werden können (wie es ja überhaupt eine erstaunliche Leistung des Liberalismus ist, uns einzureden, dass die ökologischen Krisen der Gegenwart durch individuelles Handeln zu lösen seien – um dann politisches Handeln zu verweigern, mit dem Hinweis, der Konsument habe es ja selbst in der Hand).

Die wichtigste Lehre von Havanna scheint mir daher zu sein, dass man nicht darauf vertrauen kann, dass sich *urban agriculture* von selbst durchsetzt. Hoffnungen wie die von Clouse, die kubanischen Stadtfarmen wären Orte der Subversion und ein »people's movement«, das mittelfristig unabhängig von staatlicher Lenkung und Unterstützung funktionieren würde, haben sich als falsch herausgestellt. Städtische Landwirtschaft bräuchte, mit anderen Worten, massive staatliche Förderung. Aber wäre das so anrüchig? An dirigistische Subventionspolitik ist man in Europa in der Landwirtschaft schließlich gewöhnt. Jedes Jahr stehen über 50 Milliarden Euro im EU-Haushalt für die Landwirtschaft zur Verfügung. Die politischen Reaktionen auf die Bauernproteste haben zuletzt wieder gezeigt, wie stark der Wille ist, dieses Geld weiter wie bisher einzusetzen, um Erdöl in Getreide zu verwandeln und die Landschaften Europas in ökologische Wüsten. Aber vielleicht – nur ganz vielleicht – könnte man damit auch etwas anderes machen?

Urban agriculture kann nur ein Baustein in einer Agrarstrategie der Zukunft sein. Niemand würde behaupten, dass sich alleine damit alle Probleme der Landwirtschaft lösen, geschweige denn die Weltbevölkerung ernähren ließe. Man wird auf industrielle Landwirtschaft nicht ganz verzichten können, und auch Hochtechnologie-Ansätze wie das *vertical farming* werden

20 Frank Lohrberg, *Urban Agriculture Europe: Agriculture Interacting with the Urban Sphere*. In: Ders. u.a. (Hrsg.), *Urban Agriculture Europe*. Berlin: Jovis 2016.

21 Claudia Fromme, *Wilde Stadt*. In: *SZ* vom 27. März 2024.

sicherlich zukünftig eine wichtige Rolle spielen. Und doch brauchen wir, an dieser einen Stelle, ein wenig mehr Havanna in Berlin, Frankfurt oder München. Wie utopisch ist es, ein Drittel des Stadtgebiets für extensive Landwirtschaft zu reservieren und dafür Institutionen, Forschung, Infrastruktur und ein paar Milliarden Euro Fördergelder zur Verfügung zu stellen? Sehr utopisch – und äußerst dringlich.

Martin Sabrow

Die deutsch-deutsche Verfassungskonkurrenz vor 75 Jahren

Der Wettbewerb zwischen West und Ost um die legitimere Verfassung verspricht auf den ersten Blick wenig Erkenntnisgewinn. Zu ungleich wirkt die Konkurrenz von Demokratie und Diktatur, zu durchsichtig gibt sich die ostdeutsche Parallelentwicklung als bloße Mimikry zu erkennen, mit der die Machthaber in der Sowjetischen Besatzungszone (SBZ) der Entwicklung in der Trizone folgten: Im September 1947 hatte die SED auf ihrem II. Parteitag einen Volksentscheid für »einen demokratischen Einheitsstaat mit dezentralisierter Verwaltung« gefordert und in der Folge eine »Volkskongressbewegung für Einheit und gerechten Frieden« ins Leben gerufen, die auf der Londoner Außenministerkonferenz vom 25. November bis 15. Dezember 1947 den gesamtdeutschen Willen zum Ausdruck bringen sollte, aber tatsächlich nur den SED-Willen repräsentierte; die sich sperrende Ost-CDU wurde durch Absetzung ihrer Vorsitzenden Jakob Kaiser und Ernst Lemmer gefügig gemacht.

Im Dezember 1947 tagt ein erster Volkskongress mit über zweitausend Delegierten aus Ost und West, der sich als gesamtdeutsches Vorparlament begreift und dem im März 1948 ein zweiter Volkskongress folgt. Aus ihm geht ein »Erster Deutscher Volksrat« hervor, dessen eingesetzter Verfassungsausschuss im Oktober 1948 einen Verfassungsvorschlag unterbreitet, der sich an einen Entwurf der SED von 1946 anlehnt. Die weitere Entwicklung vollzieht sich parallel zur Stalinisierung der SED, die im September 1948 ihre bisherige Strategie vom »besonderen deutschen Weg zum Sozialismus« widerruft, die paritätische Ämterbesetzung mit Kommunisten und Sozialdemokraten aufgibt und sich von einer Massen- zu einer Kaderpartei »neuen Typs« mit strenger Befehlshierarchie im Sinne des »demokratischen Zentralismus« wandelt. Der vom Ersten Volksrat am 19. März 1949 in überarbeiteter Form angenommene Verfassungsentwurf wird vom Dritten Volkskongress am 29./30. Mai 1949 bestätigt, dessen 1400 Mitglieder über eine Einheitsliste des »Demokratischen Blocks« gewählt wurden. Ein aus dem Volkskongress heraus gewählter Zweiter Deutscher Volksrat mit 330 Mitgliedern, von denen neunzig der SED angehören, konstituiert sich am 7. Oktober 1949 als Provisorische Volkskammer und setzt die Verfassung der Deutschen Demokratischen Republik in Kraft.

Leicht durchschaubar folgt die ostdeutsche Verfassungsentwicklung aus propagandistischen Gründen dem Prinzip, dem westlichen Gegenüber den zeitlichen Vortritt zu lassen, um sich vom Odium der nationalen Spaltung zu entlasten: Erst nach dem Verfassungskonvent von Herrenchiemsee im August 1948 veröffentlicht der Verfassungsausschuss des Ersten Volksrats seinen Entwurf; erst nach der Verabschiedung des Grundgesetzes durch den Parlamentarischen Rat am 8. Mai 1949 bestätigt der Dritte Volkskongress am 29./30. Mai den vom Volksrat vorgelegten Verfassungsentwurf; erst nach der Verkündung des Grundgesetzes durch den Parlamentarischen Rat am 23. Mai fasst die Volkskammer der DDR am 7. Oktober 1949 den entsprechenden Beschluss.

Doch die Duplizität der Ereignisse stiftete keine Korrespondenz der Akteure – die Geschichte des Grundgesetzes enthält in westdeutscher Perspektive keine relevante beziehungsgeschichtliche Dimension. Auf Gesprächsangebote des Deutschen Volksrats reagierte der Parlamentarische Rat hingegen anfänglich zurückhaltend und später kategorisch abweisend, weil es sich »bei dem Volksrat der Sowjetischen Besatzungszone [...] nicht um eine deutsche Vertretung« handle. Dieser sei nämlich »nicht aus rechtlich anzuerkennenden Wahlen hervorgegangen, sondern von dem völlig regellos zusammengesetzten Volkskongreß berufen worden«.[1]

Die Geschichtsschreibung folgte dem Horizont der Handelnden. In der Literatur zum Grundgesetz kommt das andere Deutschland kaum vor, und wenn, dann als bloßes totalitäres Gegenbild, das die Anstrengungen zur Schaffung einer freiheitlichen Verfassung lediglich zusätzlich motivierte. Das Grundgesetz wird in aller Regel teleologisch als »Zukunftsbewältigung aus Vergangenheitserfahrung« erzählt, und in dieser Erzählung hat das östliche Gegenbild einer nur demokratisch getünchten und 1989 als historischer Irrweg hinweggefegten Diktaturverfassung keinen narrativen Ort.

Offensive Rezeption im Osten

Gänzlich anders stellt sich die Entwicklung in der Sowjetischen Besatzungszone beziehungsweise der DDR dar. Ausführlich unterrichtete das *Neue Deutschland* seine ostdeutschen Leser im Juli 1948 über die Reaktion der westdeutschen Ministerpräsidenten auf die »Londoner Empfehlungen«, mit denen die drei Westalliierten die Gründung eines deutschen Weststaats vorantreiben wollten, und kommentierte empört: »Zunächst wurde das ›trizonale Organisationsstatut‹ erörtert. Um sich dem Volkszorn zu entziehen, erklärte man, daß ›kein westdeutscher Staat mit einer eigenen Regierung

1 Zit. n. *Der Parlamentarische Rat 1948–1949. Akten und Protokolle*. Bd. 9: *Plenum*. Bearbeitet von Wolfram Werner. München: Oldenbourg 1996.

und Verfassung entstehen dürfe‹. In Wirklichkeit dient die hiesige Konferenz keinem anderen Ziel als der Schaffung des separaten Weststaates.«[2]

Damit war die Linie vorgegeben, der das SED-Regime gegenüber dem Parlamentarischen Rat während dessen Beratungen und darüber hinaus folgen würde. Am 1. September 1949 nutzte die DDR das symbolische Datum, um vor den Machenschaften »einiger Bonner Finsterlinge« zu warnen, die keine Lehren aus der Vergangenheit zögen und die deutsche Einheit begrüben; wenige Wochen später erklärte Otto Grotewohl die in der Beratung befindliche Gründungsurkunde zur Verfassung eines Vasallenstaats.

In diesem Ton ging es zu Zeiten der deutschen Teilung in sich wiederholenden Urteilsformeln fort. »Es ist erstmalig in der Geschichte Deutschlands und übertrifft noch das Schanddiktat von Versailles«, befand der aus der Sowjetunion remigrierte Jurist und Mitautor der ersten DDR-Verfassung Karl Polak 1954 zum fünften Jahrestag des Grundgesetzes, »daß Siegermächte unter völligem Ausschluß des deutschen Volkes ihm die Staatsform und Wirtschaftsstruktur diktierten«.[3] Fünfzehn Jahre später erinnerte das *Neue Deutschland* daran, dass man nicht ohne Grund »in Westdeutschland bisher den Jahrestag der eigentlichen Staatsgründung immer peinlichst verschwiegen« habe. Denn der Parlamentarische Rat, der die Bonner Separatverfassung ausarbeitete und in Kraft setzte, war auf Grund eines Befehls der westlichen Hohen Kommissare eingesetzt worden. Die DDR hingegen werde die historische Wahrheit »immer wachhalten, um zu beweisen, wo Legitimität und Volkssouveränität einerseits, wo die Spalter Deutschlands und Feinde des deutschen Volkes andererseits zu suchen sind«.[4]

Diese Bereitschaft zur offensiven Auseinandersetzung nahm erst mit dem Ende der Ära Ulbricht ab; unter Honecker hatte die Karte der nationalen Einheit keinen hohen Spielwert mehr. Die letztmalige Erwähnung des Parlamentarischen Rats im *Neuen Deutschland* erfolgte nur Wochen vor dem Sturz des SED-Regimes, und sie galt inmitten der sich zuspitzenden Fluchtbewegung aus der DDR in die Bundesrepublik der Klage über die Gründung eines Separatstaates, der mit Adenauer an der Spitze »auf die sogenannte Magnettheorie [setzte], wonach eine durch die USA und Großbritannien unterstützte Aufwärtsentwicklung des im Entstehen begriffenen westdeut-

2 *Die Koblenzer Tagung. Getarnter Weststaat und Besatzungsstatut stehen zur Debatte*. In: *Neues Deutschland* vom 10. Juli 1948.

3 Karl Polak, *Der Bonner Separatstaat – das Instrument zur Unterdrückung der nationalen Selbstbestimmung und der demokratischen Rechte*. In: *Neues Deutschland* vom 24. Februar 1954.

4 *Die Spalter feiern ihr Werk*. In: *Neues Deutschland* vom 10. Mai 1969.

schen Staates dazu führen sollte, daß die sowjetische Besatzungszone sich der künftigen Bundesrepublik anschließt«.[5]

Diese Diskrepanz von Wettbewerbsverzicht im Westen und obsessivem Kräftemessen im Osten entspricht der von Christoph Kleßmann betonten Asymmetrie in der verflochtenen Parallelgeschichte des geteilten Deutschland – die DDR orientierte sich ungleich stärker an ihrem westlichen Nachbarn als umgekehrt. Auf dem Feld der Verfassungsgeschichte aber leitet sich daraus eine grundsätzliche Frage ab, die nicht zuletzt angesichts der Gegenwartsdiskussion um die Geschlossenheit abgeschotteter Sinnprovinzen in einer globalisierten Welt besondere Aufmerksamkeit verdient. Auf vielen Gebieten konnte die ostdeutsche Seite in den Augen vieler Zeitgenossen Stärken ausspielen, die den Westzonen abgingen: die materielle Umverteilung unter egalitärem Vorzeichen, der antifaschistische Grundcharakter und der glaubwürdige personelle und intellektuelle Bruch mit dem »Dritten Reich«, die konsequente Brechung der überkommenen Elitenmacht im Sozialgefüge, die weitreichende Übereinstimmung mit der Besatzungsmacht, die forcierte Zentralisierung der staatlichen Verwaltung und behördlichen Entscheidungswege und der Primat materieller Gerechtigkeit gegenüber dem formalen Recht. Aber in Bezug auf den Rang des Individuums und seines Schutzes vor staatlicher Willkür, aber auch auf seine politische Handlungsmacht gegenüber Regierung und Behörden präsentierte sich die werdende Ordnung des Bonner Weststaats aus der Perspektive eines tradierten Demokratieverständnisses als derart überlegen, dass jeder Vergleich mit dem Westen eine massive Legitimationsbedrohung für den Osten bedeuten musste.

Umso erstaunlicher ist daher der Befund, dass der in Verfassungsfragen scheinbar so überlegene Systemkonkurrent sich auf einen öffentlichen Verfassungswettbewerb nicht im Mindesten einließ, während sein scheinbar hoffnungslos unterlegener Konkurrent sich permanent am Bonner Gegenentwurf abarbeitete, statt ihn tunlichst so weit wie möglich zu ignorieren. Die sich daraus ergebende Frage kann zum Verständnis der inneren Stabilitätsgewinnung staatssozialistischer Regime beitragen, auf die schließlich auch Talleyrands Diktum zutrifft, dass man mit Bajonetten vieles erreichen, aber nicht auf ihnen sitzen kann. Wie glaubte das SED-Regime sich in der Konkurrenz zweier Verfassungsentwürfe offensiv behaupten zu können, deren westliche Ausgabe auf eine freiheitlich-demokratische Grundordnung zielte, die ihr östliches Pendant kategorisch verweigerte?

5 Kerstin Thöns, *Es geschah vor vier Jahrzehnten. Adenauer-Regierung stellte Weichen für die Restauration. Antikommunismus und Alleinvertretungsanspruch – Doktrinen seit Gründung der BRD*. In: *Neues Deutschland* vom 9. September 1989.

Strategien der Immunisierung

Aus der Rückschau betrachtet nutzte der Osten verschiedene Grundfiguren einer diskursiven Immunisierung gegenüber dem westlichen Lockbild einer freiheitlichen Verfassung, die teils einer gezielten politischen Strategie folgten, teils aber auch im gleichsam vorpolitischen Raum einer anderen Sinnwelt mit ihren eigenen und den Akteuren kaum bewussten Axiomen und Denkmustern gründeten.

Am stärksten fällt an der ostdeutschen Rezeption der Bonner Verfassungsentwicklung auf, dass sie auf eine inhaltliche Auseinandersetzung völlig verzichtet. Kein einziger der nach Hunderten zählenden Zeitungsartikel in der SED-Presse bis 1989 ging auf die tragenden Gedanken oder auf einzelne Aspekte der westdeutschen Verfassungsberatung ein; nicht ein Beitrag beschäftigte sich mit dem Schutz der Grundrechte oder der in Artikel 1 Grundgesetz formulierten Vorrangstellung des Einzelnen vor dem Staat. Anders konnte es auch gar nicht sein, weil der östliche Blick von vornherein die verfassungsrechtliche durch eine machtpolitische Perspektive ersetzte, wie Otto Grotewohl im ostdeutschen Verfassungsausschuss unterstrich: »Die erste Frage darf nicht sein: Welche juristische Form schaffen wir – sondern welche politische Linie schlagen wir ein.«[6]

Aus dieser Verschiebung von der rechtlichen auf die politische Ebene ließ sich ein ganzer Strauß von politischen Argumentationsfiguren entwickeln, die Existenz und Arbeit des Parlamentarischen Rats zumindest in der gelenkten ostdeutschen Öffentlichkeit ihrer Legitimität beraubten. Als besonders wirkungsvoll erwies sich das Telos der nationalen Einheit, das die Väter und Mütter des Grundgesetzes mutwillig verspielt, wenn nicht zerstört hätten. In diesem Sinn beantragte Max Reimann auf der konstituierenden Sitzung des Parlamentarischen Rats am 1. September 1948 unter tumultuarischen Umständen, die Arbeit sofort einzustellen, weil sie Deutschland spalten würde, und verweigerte sein Fraktionskollege Heinz Renner dem Grundgesetz am 23. Mai 1949 mit dem Ausruf »Ich unterschreibe nicht die Spaltung Deutschlands!« seine Zustimmung. Nicht anders erläuterte noch vierzig Jahre später das *Neue Deutschland*, wie Deutsche und Alliierte zusammengewirkt hätten, um die deutsche Einheit zu untergraben: »Mit der Inkrafttretung des ›Grundgesetzes‹ am 23. Mai 1949 wurde dann der Schlußstrich unter diese verhängnisvolle Entwicklung gesetzt. Wenn, wie vorgesehen, in diesem Jahr

6 Zit. n. Dietmar Willoweit/Steffen Schlinker, *Deutsche Verfassungsgeschichte. Vom Frankenreich bis zur Wiedervereinigung Deutschlands*. München: Beck 2009.

jener Tag in Bonn mit einem Staatsakt festlich gewürdigt wird, dann feiert man dort die Spaltung Deutschlands.«[7]

Eine weitere Argumentationsfigur bildete das behauptete Gegensatzpaar von Fremd- und Selbstbestimmung. »Aufregung im Bonner Kolonialparlament« titelte das *Neue Deutschland* im Vorfeld der DDR-Gründung und ließ den Vorsitzenden der Nationaldemokratischen Partei Deutschlands, Lothar Bolz, mit einer Würdigung der Bundesrepublik als »Separatstaat von fremden Ungnaden« zu Wort kommen. Dass nicht die Bundesrepublik, sondern im Gegenteil allein die DDR demokratisch legitimiert sei, blieb eine stehende Diskursfigur der deutsch-deutschen Konkurrenzgeschichte. »Wo ging und geht die Macht vom Volke aus?«, fragte das *Neue Deutschland* seine Leser auch 1968 wieder und hatte immer dieselbe eindeutige Antwort parat: im Osten und nicht im Westen. Zum Beweis konnte sich das Blatt ebenso auf Konrad Adenauers Antrittsrede im Parlamentarischen Rat berufen wie auf Thomas Dehler, der am 8. Februar 1949 im Zuge der Beratung über die Präambel des Grundgesetzes erklärt hatte: »Es ist nicht wahr, daß das deutsche Volk Abgeordnete hierher entsandt hat. Wir […] haben bis jetzt keine Legitimation des deutschen Volkes.«[8]

Tatsächlich besaß die ostdeutsche Kritik einen zutreffenden Kern. Der Parlamentarische Rat war im Gefolge der Londoner Sechsmächtekonferenz in zähem Ringen zwischen den westlichen Besatzungsmächten und den westdeutschen Ministerpräsidenten ins Leben gerufen worden; sein von den drei Westalliierten mit den »Frankfurter Dokumenten« verfügter Verfassungsauftrag, der durch die semantische Abstufung zu einem bloßen Grundgesetz nur kosmetisch relativiert wurde, stützte sich nicht auf eine – etwa von Hamburger Seite geforderte – Direktwahl, sondern lediglich auf eine Entsendung durch die einzelnen Landtage; und der aus der angestrengten Arbeit des Parlamentarischen Rats hervorgegangene Verfassungstext wurde im Widerspruch zur alliierten Festlegung in den »Frankfurter Dokumenten« und entgegen einer entsprechenden Formulierung in der Präambel des Grundgesetzes nicht durch Volksentscheid legitimiert, sondern lediglich und nicht einmal einstimmig von den Ländern ratifiziert. Einen entsprechenden Antrag von Thomas Dehler (FDP) und Heinrich von Brentano (CDU) hatte

7 Karlen Vesper, *Wofür Adenauer sich bei den drei Westmächten bedankte. Parlamentarischer Rat hatte kein Mandat vom deutschen Volk*. In: *Neues Deutschland* vom 18. Februar 1989.

8 *Wo ging und geht die Macht vom Volke aus? Zwei Verfassungen – zwei Auftraggeber; Bonns Grundgesetz – ein Diktat der westlichen Alliierten*. In: *Neues Deutschland* vom 7. Februar 1968.

die Mehrheit im Parlamentarischen Rat aus unverstellter Furcht vor einem Scheitern des Grundgesetzes in einer Volksabstimmung abgelehnt.

Diese Umstände der westdeutschen Verfassungsentwicklung gerieten angesichts der rasch gewachsenen Akzeptanz des Grundgesetzes bald in Vergessenheit, während umgekehrt der demokratische Geltungsanspruch der DDR-Verfassung sich auf eine der Wirklichkeit hohnsprechende Bemäntelung diktatorischer Herrschaft reduziert sieht. Aber trifft diese heute allgemein anerkannte historische Auffassung auch das Selbstverständnis der damals Handelnden? Für diese Annahme sprechen zunächst eindeutige und vielzitierte Indizien: Wolfgang Leonhard überlieferte Ulbrichts Direktive bei der Einsetzung von Berliner Bezirksverwaltungen im Mai 1945: »Es ist doch ganz klar: es muss demokratisch aussehen, aber wir müssen alles in der Hand haben!«[9] Dass Ulbricht sich auch weiterhin in diesem Denkhorizont bewegte, legt eine protokollierte Äußerung gegenüber einem Mitarbeiter der Sowjetischen Militäradministration von 1948 nahe: »›Errichten wir die Diktatur des Proletariats, dann werden alle Dinge klar und einfach‹, erklärte Ulbricht. ›Doch dürfe dann nicht gefordert werden, daß wir Demokratie spielen und parlamentarische Wahlen durchführen.‹«[10]

Doch beide Äußerungen relativieren sich bei näherem Hinsehen: Ulbrichts abfällige Bezugnahme auf Parlamentswahlen stand im Kontext der verzweifelten wirtschaftlichen Lage der Sowjetischen Besatzungszone im Frühjahr 1948 und ging auf das sowjetische Demokratieverständnis ein, um eine Beendigung der neuerlichen Demontagen zu erwirken, die die SBZ weiter schwächten. Das Ulbricht-Zitat vom Mai 1945 wiederum verdient quellenkritische Zweifel: Warum hätte der eben erst von Moskau nach Berlin gekommene Ulbricht die Unehrlichkeit seines politischen Ansatzes auch intern gleich zu Beginn so freimütig bekennen sollen? Seine Äußerung passt kaum zur Realität einer zusammengebrochenen Verwaltung der zerstörten Reichshauptstadt, in der Effektivität statt Legitimität gefragt war; aber sie passt sehr zum Erzählstil eines abtrünnigen Kommunisten, der seine allmähliche Wandlung vom Stalinisten zum Humanisten mit der Demaskierung seiner bisherigen Idole motivierte und Ulbricht darum Äußerungen unterschob, die ganz dessen im Westen gepflegtem Feindbild entsprachen.

9 Wolfgang Leonhard, *Die Revolution entläßt ihre Kinder*. Köln: Kiepenheuer & Witsch 1955.

10 Unterredung Bychovskijs mit Ulbricht am 28. April 1948. Zit. n. Jochen Läufer, *Die Verfassungsgebung in der SBZ 1946–1949*. In *ApuZ*, Nr. 32–33/1998.

Legitimation durch Legitimität

Umgekehrt spricht vieles für die Annahme, dass das Pochen auf den demokratischen Charakter der eigenen Verfassungsgebung durchaus nicht nur instrumentellen Charakter hatte, sondern auch intern durchaus glaubwürdig eingesetzt werden konnte. Bis in die Niederungen einer Funktionärskonferenz des Bezirksverbands Berlin der CDU stieß die Umkehrung von Diktatur und Demokratie auf verfassungsrechtlich begründete und empirisch gestützte Resonanz: Ein als Oberrichter tätiger Diskutant führte aus, das »Argument des Westens, die ›Sowjetzone‹ sei ›gar kein Staat‹, könne er als Jurist nur mit der Feststellung beantworten, die erste Volkskammer der DDR sei aus dem Deutschen Volkskongreß hervorgegangen, der auf völlig legitime Weise gewählt wurde. Dagegen sei Tatsache, daß der Parlamentarische Rat Westdeutschlands nicht gewählt worden ist, vielmehr habe er unter dem ständigen Druck der Westmächte gearbeitet.«[11]

Tatsächlich scheute sich die ostdeutsche Presse keineswegs, mit dem Westen in ein verfassungsbezogenes Kräftemessen um demokratische Legitimität einzutreten: »In Berlin arbeitet der Deutsche Volksrat an einer Verfassung für die Deutsche Demokratische Republik. In Bonn arbeitet der sogenannte Parlamentarische Rat an einer Verfassung für einen westdeutschen Bund«, führte die *Neue Zeit*, Tageszeitung der Ost-CDU, ihre Leser in scheinbarer Unvoreingenommenheit in die Parallelgeschichte zweier deutscher Verfassungen ein, um dann entschlossen Partei zu ergreifen: »Jetzt aber kommt der Unterschied. Fragen wir, wer denn die Änderungen veranlaßte! Der Deutsche Volksrat stellte seinen ersten Entwurf zur öffentlichen Diskussion; es gingen etwa 15 000 Resolutionen mit 500 Abänderungsvorschlägen aus der Bevölkerung ein; sie boten eine Unterlage zu Verbesserungen an 52 Artikeln. Der Parlamentarische Rat reichte seinen Entwurf den Militärgouverneuren der Westmächte zur Prüfung ein; sie waren unzufrieden und ordneten einschneidende Änderungen an, das Volk hatte dabei bisher noch kein Wort mitzureden. Das ist der Unterschied. Der Unterschied ist wesentlich. Es ist nämlich der Unterschied zwischen einer demokratischen Verfassung und einem diktierten Statut der Fremdherrschaft.«[12]

Freilich ging es in diesem Wettbewerb nicht um identische Demokratievorstellungen: Volksherrschaft meinte im sowjetkommunistischen Denkmodell mit Rousseau nicht die *volonté de tous*, sondern die *volonté générale*. Die ostdeutsche Volksdemokratie bildete nach dem Verständnis ihrer

11 *Lebhafte Diskussion mit vielen Anregungen*. In: *Die Neue Zeit* vom 21. April 1956.
12 *Das ist der Unterschied*. In: *Berliner Zeitung* vom 6. März 1949.

Herrschenden den Willen des Wahlvolks nicht blind *ab*, sondern beständig und geduldig erst *heran*, und die in der DDR mit viel Aufwand betriebenen Wahlen dienten nicht dazu, die Politik der SED infrage zu stellen, sondern den Entwicklungsstand des Wahlvolks zu prüfen. Hinter diesem Denken stand ein kommunistisches Konzept, demzufolge das Volk seine historische Mission nicht spontan und aus eigener Kraft zu erfüllen in der Lage war. Es blieb auf die Führung durch eine Avantgarde angewiesen, deren Mandat auf ein Volk zurückging, das seine Mündigkeit erst noch erwerben musste. In diesem Sinn hatte der ostdeutsche Verfassungsrechtler Karl Polak schon 1946 gegen die Einrichtung eines Staatsgerichtshofs plädiert: »Denn nicht durch die Unterwerfung unter die bestehenden Gesetze und Zustände können die vor uns stehenden Aufgaben gelöst werden, sondern nur durch eine schöpferische Neugestaltung des gesellschaftlichen und staatlichen Lebens [...] Wir müssen in den Massen den Mut erwecken, die Entwicklung vorwärts zu treiben, wir müssen die Massen in ihrem Willen zur Neugestaltung des gesellschaftlichen und staatlichen Lebens an den Staat heranführen.«[13]

Im Rückblick auf den Ausgang der deutsch-deutschen Systemkonkurrenz mögen solche Vorstellungen lediglich von Täuschungsabsicht und Selbstbetrug zeugen. Im Selbstverständnis der Herrschenden und eines Teils der Beherrschten aber bedeuteten sie die konsistente Schlussfolgerung aus einem historischen Versagen der Deutschen, die 1933 die Nazis an die Macht getragen hatten und nach 1945 die westdeutsche Restauration befürworteten. Und war das Menschenbild der ostdeutschen Erziehungsdiktatur wirklich so weit entfernt von dem Konrad Adenauers, wie der vertraute Gegensatz von heller Demokratie und dunkler Diktatur glauben macht? Als Adenauer zum ersten Mal auf seinen Gegenspieler Carlo Schmid im Parlamentarischen Rat traf, wies er ihn brüsk auf einen fundamentalen Anschauungsgegensatz hin: »Sie glauben an den Menschen, ich glaube nicht an den Menschen und habe nie an den Menschen geglaubt.«[14]

Und auch der Parlamentarische Rat führte seine Ermächtigung zur Ausarbeitung eines Grundgesetzes nicht auf eine empirische Willensbekundung der deutschen Bevölkerung zurück, sondern sah sich »außerhalb des Wählerblickfeldes« legitimiert und insgesamt »durch des Volkes ›innere Zustimmung‹« ermächtigt, für alle Deutschen westlich und östlich der Elbe

13 Karl Polak, *Brauchen wir einen Staatsgerichtshof?* In: *Neues Deutschland* vom 22. Dezember 1946.

14 Zit. n. Carlo Schmid, *Erinnerungen*. Bern: Scherz Verlag 1979.

zu sprechen.[15] Vor diesem Hintergrund stand die westliche Denkfigur einer »Legitimation durch Legitimität« dem beanspruchten Mandat einer kommunistischen Avantgarde im Osten, die ihre Legitimation auf den erst noch herauszubildenden Volkswillen zurückführte, letztlich nicht diametral entgegen. Zumindest kann diese überraschende Nähe beider Konzepte erklären helfen, warum die ostdeutschen Beobachter der westdeutschen Verfassungsentwicklung sehr viel weniger verlegen und ausweichend begegneten, als die moralische Differenz von Demokratie und Diktatur aus nachzeitiger Sicht eigentlich hätte erwarten lassen.

15 Angela Bauer-Kirsch, *Herrenchiemsee. Der Verfassungskonvent von Herrenchiemsee – Wegbereiter des Parlamentarischen Rates*. Dissertation, Universität Bonn 2005.

Oliver Schlaudt
Schuld im Anthropozän

I

Das Anthropozän stellt unsere modernen, westlichen Gesellschaften vor eine wahrhaft »kosmologische« Herausforderung. Damit meine ich nicht einfach die schiere Größe der Aufgabe, unser Wirtschaften in und mit der Natur nach ganz anderen Prinzipien zu gestalten, sondern die Tatsache, dass wir dazu aufgerufen sind, die Grundbegriffe, in denen wir die Welt, uns selbst und unsere Stellung in der Welt verstehen, an die veränderten Verhältnisse anzupassen. Begriffe wir »Natur«, »Subjekt«, »Technik«, »Politik« sind ihnen in ihrer überkommenen Bedeutung nicht mehr ohne weiteres angemessen. Dass wir uns mit dieser Aufgabe sichtlich schwertun und weitgehend agieren, als lebten wir in normalen Zeiten, dürfte, so mein Verdacht, auch etwas mit der Verfasstheit unserer liberalen Gesellschaft zu tun haben, mit, wie man sagen könnte, unserem Konsens der Konsenslosigkeit, unserer Überzeugung, dass man auch dann als Gesellschaft miteinander auskommen kann – und vielleicht sogar besser und friedlicher –, wenn man kein gemeinsames Projekt verfolgt.

Sicher, aus einer vor- oder bloß antimodernen Haltung musste unsere Gesellschaft wohl schon immer als eine solche erscheinen, in deren Mitte eine Lücke klafft, als eine solche, die keinen Sinn für das Wesentliche hat: Ehre, Tradition, Ruhm, Schönheit, Größe, Tragik etc. Und im Rückblick aus dem Anthropozän mag es auch nicht mehr so klar sein, ob die liberale Haltung wirklich immer eine Stärke war. Kritische Köpfe wie Colin Crouch, David Graeber, Mariana Mazzucato oder Philip Mirowski legen mit ihren Zeitdiagnosen den Einwand nahe, dass der liberale Konsens schon längst nur mehr die besondere Form des falschen Bewusstseins über unsere Fremdbestimmung unter den realen Bedingungen des heutigen »postdemokratischen«, »neofeudalen« oder – um das hässliche Kind bei einem hässlichen Namen zu rufen – »oligarchischen« Kapitalismus darstellt. »Freiheit« ist ein schwieriges Wort in einer Gesellschaft, die sich gerade über den freien Mark fremdbestimmen lässt und die in Wahrheit gar nicht frei von einem kollektiven Projekt ist, sondern nur unfähig, es zu sehen und zu benennen.

Aber auch wenn man von diesen real-historischen Umständen abstrahiert und die Dinge idealiter betrachtet, stellt sich heute die Frage: Erweist sich der liberale Konsens der Konsenslosigkeit im Angesicht der multiplen und verschränkten Krisen, die die Zukunft für uns bereithält und von denen unsere Gegenwart uns schon einen Vorgeschmack bietet, nicht als gefährlicher Dämmerschlaf, als dysfunktional? Ist es nicht die Unfähigkeit zu einem gemeinsamen Projekt, die uns scheitern lassen wird? In seiner ätzenden Kritik der parlamentarischen Demokratie verwies Carl Schmitt einst mit Unschuldsmiene auf die »einfache, rechtswissenschaftliche Wahrheit, [...] daß Normen nur für normale Situationen gelten«.[1] Liberale Sozialphilosophie und Gesellschaftstheorie, gibt uns Schmitt hier am Beispiel der Rechtsphilosophie zu verstehen, untersucht die liberale Gesellschaft unter der Bedingung ihres bereits gelingenden Funktionierens. Sie setzt sich mithin – auch wenn dies auszusprechen nicht zum guten Ton gehört – dem Verdacht einer Schönwetterphilosophie aus. Wenn wir Carl Schmitt nicht in seinen hinlänglich bekannten Schlüssen folgen wollen, benötigen wir so etwas wie einen »aufgeklärten Liberalismus«, der seine Ideale nicht verrät, zugleich aber die eigenen blinden Flecke aufzuspüren vermag und insbesondere wieder die heute so dringend erforderliche Fähigkeit erwirbt, grundsätzliche Fragen zu stellen. Wie viel Konsens es in der Beantwortung dieser Fragen braucht, können wir ja einmal dahingestellt sein lassen.

II

Wir sollten mithin über die Grundbegriffe eines solchen aufgeklärten Liberalismus nachdenken. Nehmen wir zum Beispiel den Begriff der Schuld. Einen Zustand der Schuld verstehen wir gar nicht als Grundzustand, geschweige denn als Ideal, sondern als existentielle Ausnahmesituation, etwa wenn wir uns für ein begangenes Verbrechen zu verantworten haben. Ansonsten begegnet uns die Schuld höchstens noch im Plural, als Schulden bei der Bank, denen die provisorische Existenzweise aber ebenfalls von vornherein eingeschrieben ist: Wer Schulden macht, antizipiert schon den Tag, an dem er sie zurückbezahlt haben wird. Sonst aber spielt der Begriff der Schuld keine Rolle, wenn wir modernen Menschen über unser Leben nachdenken, uns im Kosmos verorten und unsere Subjektivität konstruieren. Aber vielleicht ist diese Abwesenheit ja höchst verdächtig, nämlich selbst schon ein solcher blinder Fleck?

Es ist ein Topos der Kulturgeschichte, dass Schuldbeziehungen in vormodernen Gesellschaften persönliche Beziehungen waren, aber im Umbruch zur Moderne diesen Charakter einbüßten. In der Feudalgesellschaft steht ein bestimmter Mensch aufgrund besonderer Umstände in der Schuld eines ganz bestimmten Anderen. Die Schuld bindet zwei Personen aneinander. Bei einem Immobilienkredit, den die Bank bereits aufgespalten, in diverse

1 Carl Schmitt, *Legalität und Legitimität* [1932]. Berlin: Duncker & Humblot 1968.

Finanzprodukte gebündelt und auf einem internationalen Wertpapiermarkt verkauft hat, wissen wir nicht einmal, bei wem wir verschuldet sind. Der *locus classicus* für diese »Entpersönlichung« oder »Versachlichung« des Schuldverhältnisses sind die Schriften von Max Weber und Werner Sombart.[2] Aber, und dies ist mitnichten kulturwissenschaftliches Lehrbuchwissen, darin erschöpft sich der Umschlag in den modernen Schuldbegriff nicht.[3]

Um der Sache direkt ansichtig zu werden, fragen wir einen Zeitzeugen. Im dritten Buch von François Rabelais' Romanzyklus *Gargantua und Pantagruel* aus dem Jahr 1545 gerät Gargantuas Sohn Pantagruel mit seinem Freund Panurg just über die Frage in Streit, ob das Schuldenmachen eine gute oder schlechte Sache sei. Pantagruel erscheinen Schulden als ein Laster gleich den Lügen, und in der Tat liegt die Parallele auf der Hand: Auch in der Lüge ist die behauptete Wahrheit nur eine angemaßte, die wir in Wirklichkeit so wenig besitzen wie ein geborgtes Vermögen. Überraschend ist indes Panurgs Gegenrede. Die wechselseitige Verschuldung aller Dinge, so lautet der Kern seiner Ansicht, bildet nichts weniger als »die grosse Weltseel selbst«.[4] Die Schuld hält den ganzen Kosmos im Großen wie im Kleinen erst zusammen und etabliert seine Ordnung. Sie ist es, die die Planeten auf ihren Bahnen hält, die den Fluss der Elemente regelt und somit den gesamten Lebensprozess in der Natur im Gange hält, die die Gesellschaften in einem friedlichen Miteinander beisammenhält und die schließlich auch die Glieder und Organe des Körpers in den gegenseitigen Dienst treten lässt, ohne den er nicht funktionieren würde. Die ganze Welt ist ein Gewebe wechselseitiger Schuldbeziehungen, die dem Mikro- wie dem Makrokosmos erst ihre Stabilität und Harmonie geben.

Brechen wir die kosmologische Vision auf ihren sozialen Gehalt herunter, wird klar, dass im vormodernen Europa, als dessen Vertreter Panurg hier im Moment des Umbruchs offenbar noch spricht, die Schuld nicht als eine Last betrachtet wurde. »In nichtmodernen Gesellschaften«, halten die Soziologen Michelle Dobré und Aldo Haesler fest, »bestehen Schulden nicht in zu begleichenden Forderungen, sondern in komplex ineinander verstrickten Verpflichtungen: jede(r) ist jedem in horizontalen, vertikalen, und diagona-

2 Max Weber, *Wirtschaft und Gesellschaft*. Tübingen: Mohr 1921/22; Werner Sombart, *Das Wirtschaftsleben im Zeitalter des Hochkapitalismus* (*Der moderne Kapitalismus*, Bd. 3). München: Duncker & Humblot 1927.

3 Darauf machte mich Aldo Haesler bei der Arbeit an unserem Buch aufmerksam. Frank Engster/Aldo Haesler/Oliver Schlaudt, *Kleine Philosophie des Geldes im Augenblick seines Verschwindens*. Berlin: Matthes & Seitz 2024.

4 François Rabelais, *Gargantua und Pantagruel*. Aus dem Französischen von Gottlob Regis. Leipzig: Barth 1832.

len Bezügen, räumlich, zeitlich, sachlich und symbolisch verpflichtet.«[5] Wir treffen hier auf Individuen, die sich relational verstehen und die reziproken Schuldverhältnisse nicht als äußerliche Bestimmung, sondern als Teil ihrer selbst betrachten. Sich aus aller Schuld zu befreien, muss absurd erscheinen, wenn die Sozialität selbst wesentlich durch Schuldbeziehungen konstituiert wird. Aller Schuld bar fiele der Einzelne aus der Gesellschaft heraus, würde zum Vogelfreien oder gar zum *homo sacer*. Man lebt also in den Schuldbeziehungen als dem eigentlichen Element des menschlichen Lebens, auch wenn dieses Leben selbstredend den Einzelnen ein höchst ungleiches Schicksal bereithält. Panurg ist als Sozialtheoretiker dabei wohlgemerkt nicht naiv. Er weiß genau, dass ein Gläubiger aus reinem Eigennutz um das Wohl seiner Schuldner besorgt ist. Aber dies reicht immerhin, um ein Band der friedvollen Gesellschaftlichkeit zu stiften.

Im Vergleich wird deutlich, dass die Schulden im Umbruch zur modernen Zeit eine doppelte Transformation erleben: Sie verlieren ihre persönliche Qualität, sicher, zugleich aber auch ihre Selbstverständlichkeit als eigentliches Medium der Sozialität. Sie werden zu einer Bürde, die wir um jeden Preis vermeiden wollen. Sinnbildlich dafür steht eine andere Figur aus der französischen Literatur, gut dreihundert Jahre jünger, aus der Mitte des 19. Jahrhunderts, als sich die Moderne schon mit voller Wucht durchsetzt und zumindest in den urbanen Zentren Europas das Leben sämtlicher Menschen erfasst. Ich meine den jungen Marius Pontmercy in Victor Hugos Jahrhundertroman *Les Misérables* (1862), der ein genaues Gegenbild zu Panurg liefert: Während dieser lieber Schulden hat, als zu darben, nimmt Marius Elend und sogar Hunger in Kauf, nur um keine Schulden machen zu müssen, in niemandes Schuld zu stehen: »Marius hatte sich auch nie der geringsten Schwäche schuldig gemacht, alle Entbehrungen geduldig auf sich genommen, alles gethan, was seine Lage erheischte, ausgenommen, daß er keine Schulden gemacht hatte. Geld schulden galt ihm als der Anfang der Knechtschaft. Ein Gläubiger, dachte er, ist schlimmer als ein Herr; dieser hat ja nur den Körper seines Sklaven in seiner Gewalt, ein Gläubiger kann auch unserer Würde zu nahe treten. Ehe er Geld borgte, aß er sich lieber nicht satt, und auf diese Weise war er oft dazu gekommen, fasten zu müssen.«[6]

Allein, die Figur des Marius hält bei aufmerksamer Lektüre noch eine ganz andere Lektion bereit. Im Fortgang des Romans wird Hugo seiner

5 Aldo Haesler / Michelle Dobré, *Znojs Idee. Die verlorene Unschuld der Moderne*. Im Erscheinen.

6 Victor Hugo, *Die Elenden*. Übersetzt von G. A. Volchert. Berlin: J. Gnadenfeld um 1910 (3. Teil, Buch 5, Kap. 2).

Figur nämlich einen gewaltigen Streich spielen und über Hunderte Seiten hinweg Marius' moderne Haltung, wie sie in seiner Einstellung zu Schulden kristallisiert, regelrecht ad absurdum führen. Es beginnt mit dem Tod von Marius' Vater Georges Pontmercy, einem ehemaligen Offizier der Napoleonischen Armee. Erst aus dem Testament erfährt Marius, dass sein Vater sein Leben einem Unbekannten verdankte, der ihn auf dem nächtlichen Schlachtfeld von Waterloo schwerverletzt aus einem Haufen toter Soldaten und Pferde geborgen und somit dem sicheren Tod entrissen hatte. Marius erbt diese Schuld und wird nun den Forderungen seiner Lebensphilosophie gemäß alles, was er an Zeit und Geld aufbringen kann, daransetzen, den Unbekannten zu finden, um die Schuld zu begleichen.

Anders als Marius wissen die von Hugo mit einem großen Wissensvorsprung bedachten Leserinnen und Leser schon längst, von welchem »Unbekannten« hier die Rede ist, nämlich dem skrupellosen Kleinkriminellen Thénardier. Auf dem Schlachtfeld war der vermeintliche Retter einzig, um die Leichen zu fleddern, wobei er eben auch dem irrtümlich für tot gehaltenen Offizier Pontmercy die Wertgegenstände abnimmt. In seinem späteren Leben als Wirt wird er über Jahre gerade jenes in seiner Pflege befindliche Mädchen Cosette gewissenlos ausbeuten und misshandeln, das einmal, als junge Frau, Marius' große Liebe werden soll. Hugo dreht die Schraubzwinge unter Bemühung der unwahrscheinlichsten Zufälle immer weiter zu: Thénardier zieht mit seiner Familie just in Marius' freie Nachbarwohnung, wo er einen räuberischen Hinterhalt gegen keinen anderen als Jean Valjean, den Ziehvater der angebeteten Cosette, vorbereitet. Marius kommt ihm auf die Schliche und informiert die Polizei, muss aber am Höhepunkt der dramatischen Ereignisse erkennen, dass der widerliche Kriminelle kein anderer ist als der langgesuchte Lebensretter des Vaters. Marius wird von den widersprüchlichen Loyalitäten schier zerrissen.

Bei aller Verwicklung und Dramatik stellt dieses Geschehen indes nur die eine Hälfte des bösen Streiches dar, den Hugo seiner Romanfigur spielt. Die zweite, komplementäre Hälfte handelt von unglücklicher Liebe, sie vollzieht sich im Wesentlichen still und unbemerkt im Hintergrund, und ihre Protagonistin – eine zwiespältige und tragische Figur – ist Eponine, die Tochter des widerwärtigen Thénardier. Eponine hat sich in den Nachbarsjungen Marius verliebt, muss aber erkennen, dass sie gegen seine tiefe Zuneigung zu Cosette nicht ankommen kann. Und hier wiederholt sich bei der Tochter die Schuldgeschichte des Vaters mit umgekehrtem Vorzeichen. Eponine, die sich in ihr Unglück fügt, wird im Stillen und unerkannt alles tun, um das Glück des geliebten Marius zu fördern, auch wenn sie von diesem Glück immer ausgeschlossen sein würde. Auf der Barrikade des Juni-Aufstands des Jahres

1832 wird sie sich schließlich schützend vor Marius werfen, um, von der Kugel eines königlichen Soldaten tödlich getroffen, an seiner statt zu sterben.

Das Ungetüm von Roman hält an dieser Stelle nicht inne, aber die Lektion in Sachen Schuld haben wir hier abschließend gelernt: Marius, der als moderner Mensch frei von jedem Schuldverhältnis leben möchte, wähnt sich in einer Schuld, die in Wahrheit nicht besteht, und verdankt zugleich sein ganzes Glück einer mal großzügig, mal ungewollt gewährten Schuld, von der er oft nicht das Leiseste ahnt oder die er vor undankbarem Glück einfach vergisst. Gründlicher als dieses moderne, liberale Individuum kann man sich über sich selbst und die Bedingungen der eigenen Existenz nicht täuschen.

Hugo schafft in Marius' Schicksal ein Symbol, das uns zu denken geben soll. Es wiegt umso schwerer, weil der Schriftsteller in der Figur des Marius offenbar ein Porträt seiner selbst als junger Mann zeichnet. Hugo meint sich selbst – und trifft damit uns alle. Der Roman entpuppt sich an dieser Stelle als das Komplement von Rabelais' *Gargantua und Pantagruel*. Konnten wir dessen parodistischen Roman durchaus auch als realistische Darstellung eines wirklichen Epochenkonflikts in Fragen des Schuldenmachens lesen, so nehmen die für ihren sozialen Realismus berühmten *Misérables* in derselben Frage ihrerseits parodistische Züge an. Hugo räumt mit den eigenen Illusionen auf, und es sind genau die fundamentalen blinden Flecke des liberalen Individualismus, die Hugo mit fast diabolischem Vergnügen aufzeigt.

III

Mit etwas Abstand betrachtet springt einem diese Erkenntnis eigentlich ins Auge, und zwar nicht nur auf der Ebene des Individuellen, sondern auch des Gesamtgesellschaftlichen. Der Begriff, der die sozioökonomische Verfassung unseres Daseins am grundsätzlichsten und zugleich umfassendsten beschreibt, ist wohl kein anderer als der des Kapitalismus. »Kapitalismus« kommt von »Kapital« – aber was ist das eigentlich? Die Ökonomie versteht darunter schlicht und ergreifend die Summe aller *assets* oder Vermögenswerte: Immobilien, Maschinen, Patente, Guthaben, Bargeldreserven, also sämtliche Aktivposten der Bilanz. Aber damit ist die Frage nicht beantwortet. Kapital *besteht* aus Vermögenswerten, aber um zu verstehen, was es kategorial *ist*, muss man auf die Passivseite der Bilanz in der doppelten Buchführung springen.

Diese Lektion erteilen uns die Betriebswirte Jacques Richard und Alexandre Rambaud, die sich mit der Technik der Buchhaltung befassen.[7] Kapital

7 Jacques Richard / Alexandre Rambaud, *Economics, Accounting and the True Nature of Capitalism*. Abingdon: Routledge 2022.

entpuppt sich, wenn man es von den Regeln der doppelten Buchführung her denkt, als eine Schuld, nämlich die Schuld des Unternehmens gegenüber dem Kapitalisten. Um es in den Begriffen der römischen Regeln für Landwirtschaft zu sagen: Das Kapital ist die *substantia*, mit der ein Profit als *fructus* erwirtschaftet werden soll, die aber selbst unter keinen Umständen angetastet werden darf – weshalb Profite auch erst nach Abschreibung aller Wertverluste, mithin nach Wiederherstellung des Kapitals, berechnet werden dürfen.[8]

Kapitalismus ist also, kategorial betrachtet, ein Schuldsystem, und Schuld damit noch immer ein sozialphilosophischer Grundbegriff unserer gesellschaftlichen Existenz, auch wenn uns Bewohnern der kapitalistischen Welt das normalerweise nicht bewusst ist. Auch ist Schuld hier erst einmal auf die Geldschuld verengt. Für das Verständnis realer volkswirtschaftlicher Abläufe wie auch internationaler Märkte und Politik ist dabei zudem zu beachten, dass diese Geldschuld im Kapitalismus sehr unterschiedlich verstanden wird. Für den neoliberalen Konsens, illustriert durch die aus der Finanzkrise von 2007/08 resultierende Staatsschuldenkrise oder durch die in Deutschland verfassungsrechtlich verankerte »Schuldenbremse«, sind Schulden unbedingt zurückzuzahlen. Progressive Wirtschaftshistoriker wie Thomas Piketty oder Michael Hudson betonen hingegen, dass Schulden auch erlassen oder, zumindest wenn es sich um Staatsschulden in der eigenen Währung handelt, schlicht »weginflationiert« werden können.

Jenseits dieser politischen Einschätzungen stellt die Praxis des Umgangs mit Schulden noch einmal eine ganz andere Frage dar. Ein gutes Beispiel ist die Politik der »quantitativen Lockerung«, also der massiven Ausdehnung der Liquidität im Bankensystem durch die Zentralbank, die heute mit einer gewissen Verschämtheit betrieben wird, denn weder die realwirtschaftlichen Konsequenzen noch die politische Färbung dieses Experiments sind seinen Urhebern bekannt. Handelt es sich um eine Art Neokeynesianismus oder gar eine erste Anwendung der Modern Monetary Theory – oder doch um eine neoliberale Maßnahme zur Stützung des FIRE-Sektors (Finanzen, Versicherungen, Immobilien)?

Zugleich lässt sich heute beobachten, dass der neoliberalen Verhärtung des Schuldbegriffs zum Trotz das Kapital seinen obligaten Schuldcharakter verliert, wenn nämlich – entgegen den ursprünglichen Regeln des Handels- und Produktionskapitalismus – im heutigen Finanzmarktkapitalismus auch die Substanz von Unternehmen zugunsten einer kurzfristigen Rendite aus-

8 Jacques Richard, *La nature n'a pas de prix … Mais sa maintenance a un coût.* In: *Revue Projet*, Nr. 332, Februar 2013.

Der *MERKUR* im Abonnement

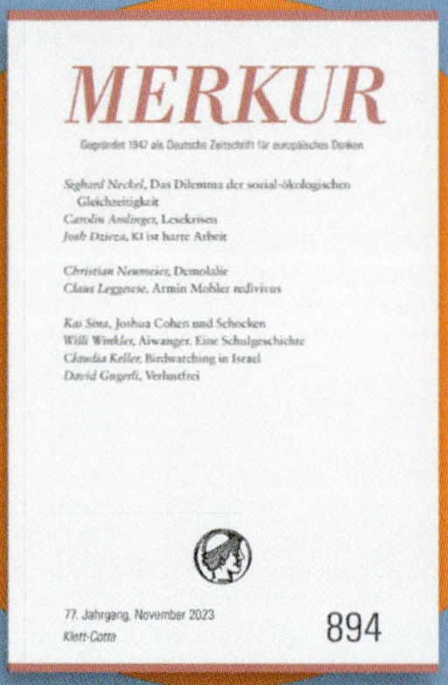

oder

Jahresabo Print
12 Ausgaben in der Printversion

Jahresabo Digital
12 Monate Digital-Zugang zu allen Ausgaben (online und in den Formaten ePub, MOBI und PDF) sowie allen *MERKUR*-Texten seit 1947

+ eine exklusive Buchprämie

Anfänge
David Graeber, David Wengrow

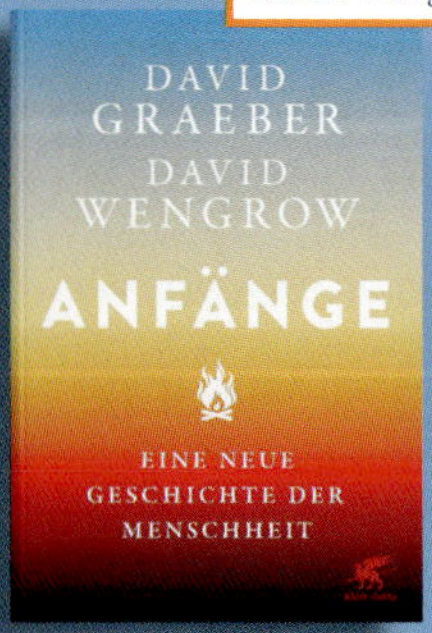

Die Möglichkeit von Glück
Anne Rabe

Traumland
Adam Soboczynski

152,00 € / 176,00 CHF
Printabo zzgl. Versandkosten: (D) 21,60 €; (CH) 36,00 CHF; (EU) 31,20 €; (übriges Ausland) 45,60 €.

Nach Ablauf eines Jahres ist das Abonnement monatlich kündbar. Die Rechnungsstellung erfolgt im Voraus für ein Jahr, vorab gezahlte Beträge werden erstattet.

Alle Angaben Privatkundenpreise, Geschäftskunden und Bibliotheken wenden sich bitte an: info@klett-cotta-zeitschriften.de. Alle Preise inklusive MwSt. (Drittländer exklusive MwSt.) Preise freibleibend. Stand 2024.

gebeutet wird. Wieder im Bild der römischen Landwirtschaft ausgedrückt: Man erntet nicht nur die diesjährigen Früchte, sondern fällt den ganzen Baum, um noch sein Holz gewinnbringend zu verkaufen.

Der Schuldbegriff war also nur von der Oberfläche verschwunden, wirkte aber in den Tiefen des Kapitalismus auf vielfältige und bisweilen widersprüchliche Weise nach. Lässt sich dieser Begriff für eine der Gegenwart angemessene Sozialphilosophie fruchtbar machen? Die Philosophin Nathalie Sarthou-Lajus hat in ihrer *Eloge de la dette* (Lob der Schuld) entgegen dem Selbstverständnis des liberalen Individuums in der Schuld eine geradezu paradigmatische soziale Grundbeziehung neben dem Tausch und der Gabe gesehen.[9] Die Schuldbeziehung als konstitutive Grundbeziehung zu tilgen, wie wir es bei Pantagruel und bei Marius beobachten konnten, habe zwar den enormen Emanzipationsschub der Moderne ermöglicht, dabei aber »die sozialen Beziehungen zusehends prekär werden lassen und bindungslose Individuen hervorgebracht, auf denen nun im Gegenzug die Bürde unbezahlbarer Schulden lastet«. Die Schuld habe sich aus dem Bereich des Zwischenmenschlichen lediglich in die viel undurchschaubarere Sphäre des Finanziellen verschoben, womit Sarthou-Lajus den Vorbehalt gegenüber der bereits eingangs beschriebenen ideologischen »Schwingtür«-Funktion der liberalen Grundbegriffe bestätigt: Sie versprechen Freiheit, öffnen sich aber auch in die Gegenrichtung der Fremdbestimmung.

IV

Die Schwachstelle des Liberalismus ist leicht benannt. Um das Ideal der moralischen und epistemischen Selbstbestimmtheit zu fassen, glaubte der Liberalismus auch ontologisch autonome Individuen gleichsam als »soziale Atome« postulieren zu müssen, die sich hernach in eine relativ lockere und ihnen im Grunde äußerliche Gesellschaftlichkeit begeben (man denke an die Vertragstheorien, bei denen Individuen unterstellt werden, die vor und unabhängig von dem Vertragsschluss existieren). Die Rehabilitierung des Schuldbegriffs dreht diese Verhältnisse exakt um. Zum einen erlaubt sie uns nämlich zu verstehen, dass die Autonomie des modernen Individuums zwar nicht vollkommen illusionär, aber eben auch dort, wo sie wirklich besteht, nicht voraussetzungslos ist. Durch die Einsicht in die »schuldlose Verschuldung« (Dobré und Haesler) können wir mithin Prekarität und Verletzlichkeit unserer Existenzweise als Individuen anerkennen. Zugleich aber erfas-

9 Nathalie Sarthou-Lajus, *Eloge de la dette*. Paris: Presses Universitaire de France 2012.

sen wir laut Sarthou-Lajus durch den Schuldbegriff auch das eigentliche Bindemittel eines gesellschaftlichen Zusammenhalts, in dem die prekären Individuen aufgefangen werden: »Denn was die Menschen miteinander verbindet, was sie ein gemeinsames Erbe teilen lässt, ist eine symbolische Schuld, eine Verpflichtung, die erfüllt, ein Versprechen, das eingehalten, eine Verantwortung, die übernommen werden muss.« Ausgestattet mit diesem substantiellen Verständnis von Gesellschaft erhofft sich Sarthou-Lajus nicht zuletzt eine Verteidigung gegen das, was Habermas einst als die »Kolonisierung der Lebenswelt« durch die Marktlogik brandmarkte, womit deutlich wird, dass ihre Umkehrung der liberalen Sozialphilosophie das Ideal von Autonomie gerade nicht opfern muss.

Ohne Zweifel setzt Sarthou-Lajus den Schuldbegriff, der hier als ein funktionales Äquivalent zu dem in den letzten Jahren vieldiskutierten Begriff der Anerkennung kenntlich wird, gekonnt ein, um eine sozialtheoretische Lücke des liberalen Individualismus zu identifizieren: die Illusion von Autonomie. Zugleich aber erkennen wir bei ihr ein typisch konservatives Denken, das zwar einen guten Blick für die blinden Flecken des Liberalismus beweist, dem es aber – wie Karl Mannheim in seiner klassischen Studie *Das konservative Denken* (1927) eindringlich herausgestellt hat – als »konkretem«, »realistischem« oder wirklichkeitsverhaftetem Denken an Gespür für das utopisch-transformative Potential seiner Begriffe mangelt. In Sarthou-Lajus' Schuldbegriff drückt sich letztlich eine Sehnsucht nach dem Aufgehobensein im guten alten Kosmos mit seiner hergebrachten Ordnung aus – ein Kosmos, den wir in der »beschädigten Welt« des Anthropozän allerdings weniger denn je zu finden hoffen können.

Ganz anders die beiden Buchhaltungs- und Sozialtheoretiker Richard und Rambaud: Sie finden im Begriff der Schuld den Kern für einen sozialökologischen Totalumbau des Kapitalismus durch eine Reform seiner heimlichen Verfassung, der doppelten Buchführung.[10] In einem ersten Schritt verpflichten sie das kapitalistische Unternehmen gegen die »Heuschrecken«-Praktiken des Finanzkapitalismus wieder auf den Konservierungsimperativ des Kapitals, um dieses Gebot in einem zweiten Schritt nun auch auf Natur- und Humankapital auszudehnen. Warum steht in der doppelten Buchführung nur das traditionelle Kapital als Schuld auf der rechten Seite der Bilanz, während Natur und Arbeit allein auf der linken Seite auftauchen – und damit als bloßes Mittel zum Zweck von Erhalt und Vermehrung des Kapitals, ein Mittel, für das als Kostenfaktor zudem ein Minimierungsgebot

10 Jacques Richard/Alexandre Rambaud, *Humanitarian Ecological Economics and Accounting. Capitalism, Ecology and Democracy*. Abingdon: Routledge 2022.

gilt? Woher diese Asymmetrie? Richard und Rambaud buchen einen entsprechenden Posten für Natur und Mensch auf der Passivseite, für die dann auch das Konservierungsgebot geltend wird. Der Wert der Posten ergibt sich einfach aus den Konservierungskosten. Für das Naturkapital können dies Kosten für die Abwasserreinigung zum Schutz der Gewässer oder die Kosten der Maßnahmen zur Wiederherstellung der Bodenfruchtbarkeit nach der Ernte sein. Auf Seiten des Humankapitals schlagen etwa die Kosten eines angemessenen Arbeitsschutzes sowie die Kosten der täglichen Wiederherstellung der Arbeitskraft zu Buche.

V

Über diese Reform verliert das traditionelle Kapital, also der Privatbesitz, die Alleinherrschaft in der kapitalistischen Unternehmung. Aber nicht nur treten die Erhaltung von Mensch und Natur nun gleichberechtigt neben die des Kapitals. Indem erst als Lohn zählt, was – nun erst kategorial dem Profit vergleichbar – über die bloßen basalen Lebenshaltungs- und Reproduktionskosten hinaus gezahlt wird, wird auf eine ganz unspektakuläre Weise der von Marx beschriebene Ausbeutungsmechanismus gehemmt. Nicht zufällig spricht Richard gelegentlich von einem »antikapitalistischen Kapitalismus«, in dem die Rolle des Privateigentums verblasst.[11] Aber auch wenn die Produktionstechnologien nicht in Privatbesitz sind, verlieren sie nicht ihre Natur als Schuld. Und von hier aus lässt sich der Schuldbegriff, jenseits der kategorialen Schranken des Privateigentums, auch verallgemeinern. In jedem Gebrauchsobjekt – dem Computer, auf dem ich diese Zeilen schreibe, dem Glas Wasser, das vor mir steht – sind mehr als drei Millionen Jahre der akkumulierten kulturellen Evolution aufgehoben: Einfälle, die nicht die unsrigen waren, Mühen, die nicht wir auf uns genommen haben – von denen wir aber profitieren.

Und dieser Schuld gegenüber der Vergangenheit entspricht spiegelbildlich auch eine Schuld gegenüber der Zukunft, etwa durch den ökologischen Fußabdruck der Objekte unseres Hyperkonsums, der auf den ungeborenen Generationen lasten wird. Leicht überträgt man diese temporale Dimension auf weitere Achsen, die im heutigen Schulddiskurs relevant sind, allen voran die geografische (Kolonialismus, Sklaverei) und die der Geschlechterverhältnisse (unbezahlte Arbeit). Wollen wir den Geist eines solchen im Schuldbegriff fundierten Ansatzes der sozialökologischen Wirtschaft in einem

11 Jacques Richard, *Comptabilité et Développement Durable*. Paris: Economica 2012.

Bild bündig erfassen, springt uns wieder *Les Misérables* mit der typischen Bildsprache des 19. Jahrhunderts bei (selbstredend mitsamt ihren Gender-Klischees). Wir befreien uns aus den falschen Schuldbeziehungen eines räuberischen oder, wie wir heute sagen würden, »extraktiven« Wirtschaftssystems (Thénardier) und gestehen uns unsere wahre Schuld gegenüber den unsichtbaren Wesen dieser Welt ein (Eponine): die Generationen, die nicht mehr oder noch nicht leben, und die unsichtbare und unbezahlte Arbeit »der Frauen, der Natur und der Kolonien«.[12]

Auf diese Weise drängt sich der seltsame Begriff der Schuld tatsächlich wieder als ein sozialphilosophischer Grundbegriff auf, um im Liberalismus und liberalen Individualismus der Lektion des Anthropozän Rechnung tragen zu können. Das Ideal des autonomen Individuums ficht der Schuldbegriff nicht an, zeigt uns aber, wie sich seine Autonomie gerade einer schuldlosen Schuld verdankt und wie dieses Ideal in eine unsichere Zukunft gerettet werden kann. Was uns erwartet, wenn wir dieser Schuld nicht Rechnung tragen, darüber gibt uns Panurg in düsteren Worten Auskunft, die mit fünfhundert Jahren Vorsprung die Krisen der Zukunft ausmalen: »Stellt euch einmal in klarem Geist die Idee und Form einer Welt für [...] eine Welt ohn Schulden! da werden die Gestirn aus allen ihren Gleisen weichen. Nichts wie Verwirrung [...] Der Mond wird blutigroth und finster bleiben; wofür sollt ihm die Sonn ihr Licht leihen? [...] Die Sonn wird nicht mehr scheinen auf Erden, die Stern nicht mehr mit gutem Einfluß herunterleuchten, denn die Erd hinterhielt ihnen ihrer Dünst und Nebel Nahrung [...] Es wird ein wahrer Hundskrieg seyn, diese Welt die nichts leiht noch borgt [...] Unter den Menschen wird keiner dem andern mehr beystehn, wie laut er auch um Hülf, Mord, Feuer, Wasser, und Zeter schrie; niemand wird kommen: warum? er hätt nichts hergeliehen, man war ihm nichts schuldig, niemand hat Schaden von seinem Brand, von seinem Schiffbruch, Tod und Verderben. Dafür auch lieh er nichts, dafür auch leihet man ihm nun wieder nichts. Kurz, Glauben, Lieb und Hoffnung werden aus dieser Welt verbannt seyn; denn die Menschen sind geborgen einander zu helfen und beyzustehen.«

12 Maria Mies, *Patriarchy and Accumulation on a World Scale. Women in the International Division of Labour*. London: Zed Books 1986.

Heinrich Bosse

Aufklärung und Kapitalismus (III)

Improvements / Verbesserungen

»Sapere aude! Habe Mut, dich deines *eigenen* Verstandes zu bedienen! Ist also der Wahlspruch der Aufklärung.« Solche Sätze wirft Kant mir zu, mir, dem einzelnen Leser, wenn ich wissen will, was Aufklärung ist. Und wenn ich weiter wissen will, wie man das macht, so gibt er mir drei Beispiele. Dem Offizier kann es nicht verwehrt werden, über die Fehler im Kriegsdienst Anmerkungen zu machen und diese zu publizieren. Auch der Bürger handelt seiner Bürgerpflicht nicht entgegen, wenn er seine Gedanken über unschickliche oder ungerechte Steuern öffentlich äußert. Der Geistliche ist »als Gelehrter« geradezu verpflichtet, die von ihm bemerkten Fehler sowie Vorschläge wegen besserer Einrichtung des Religions- und Kirchenwesens dem Publikum mitzuteilen. Diese drei Vertreter der ständischen Gesellschaft – des Wehrstands (Militär, Adel, Politiker), des Nährstands (Bürger und Bauern), des Lehrstands (Akademiker) – zeigen, dass sie selbst denken, indem sie konkrete Kritik an den Dingen üben, die sie angehen, und vielleicht sogar Verbesserungsvorschläge machen, wenigstens der Geistliche. Wenn man Kants Aufsatz zu Ende liest, so lobt er seinen König lebhaft dafür, dass er seine Untertanen 1784 aufforderte, den Entwurf des *Preußischen Allgemeinen Landrechts* zu kritisieren und »ihre Gedanken über eine bessere Abfassung« öffentlich vorzulegen.

Selbst Kant also, der Champion der Kritik, kann Kritik mit Verbesserungsvorschlägen verbinden. Tatsächlich setzt eine Verbesserung notwendig voraus, dass etwas noch nicht so gut ist, wie es sein könnte. Ohne Kritik keine Verbesserung. Aber der Satz lässt sich nicht umkehren. Man kann kritisieren, ohne zu verbessern. Der Rezensent, sagt Lessing, braucht nicht besser machen zu können, was er tadelt. Insofern spielt es eine Rolle, ob wir beim Umgang mit der Aufklärung eher die Kritik in den Vordergrund stellen oder aber die Verbesserung. Ich möchte dafür plädieren, entschieden von der Verbesserung auszugehen. Solch eine neue Gewichtung könnte die Aufklärung besser als bisher (ja, es geht um Verbesserungen) mit der Geschichte der Öffentlichkeit in Beziehung setzen. Auch mit der Geschichte der Wirtschaft, also unvermeidlich mit Kolonialismus und Kapitalismus. Dabei stütze ich mich unter anderem auf Paul Slacks anregende Arbeit *The Invention of Improvement* (2015).

Was die Öffentlichkeit betrifft, so lautet die Frage: An wen sind die Verbesserungsvorschläge gerichtet? Wenn man Latein schreibt, dann vielleicht an alle, so wie des Amos Comenius *Pansophia oder allumfassende Ratschläge für die Verbesserung der Menschheit (De rerum humanarum emendatione consultatio catholica*, 1657ff.) an alle Fürsten dieser Welt gerichtet ist. Aber wer in der Landessprache schreibt, meint ein konkretes Gemeinwesen. An erster Stelle, daran ist wohl nicht zu zweifeln, stehen die Fürsten und ihre politischen Ratgeber, alle *politici*. So widmet Antoine de Montchrétien seinen *Traicté de l'oeconomie politique* (1615) ausdrücklich Louis XIII., dem minderjährigen König von Frankreich. Wie alle anderen, die »zu Eurem Ruhm und zur Vergrößerung ihres Vaterlandes« (à vostre gloire et à l'augmentation de leur Patrie) arbeiten, wie alle offiziellen Ratgeber und Räte also, möchte auch dieser Autor die Wirtschaftspolitik Frankreichs verbessern helfen. Das dient der »Augmentation«, jener schwer zu übersetzenden Mehrung (Vergrößerung, Anreicherung), welche recht eigentlich den Machtzuwachs eines Staates meint.

Genau entgegengesetzt ist die Botschaft, die sich an den einzelnen Leser oder Privatmann richtet, er möge seinen eigenen Vernunftgebrauch verbessern, wie es Christian Thomasius in seiner *Ausübung der Vernunftlehre* (1691) vorgemacht und Kant in seinem berühmten Aufsatz von 1784 nachgemacht hat. Texte dieser Art dienen, genau genommen, der individuellen Instruktion, indem sie sich dagegen aussprechen, das eigene Denken fremden Instruktionen zu unterwerfen.

Es müsste jedoch noch ein Drittes geben, und tatsächlich, das ist die Allgemeinheit der Politiker und Privatleute zusammen. Für diese ständeübergreifende Allgemeinheit – die wir heute »Gesellschaft« nennen würden – bietet sich in der Frühen Neuzeit der Begriff der Nation an. Dabei handelt es sich weniger um eine Abstammungsgemeinschaft als vielmehr um ein gemeinsames Wirtschaftssubjekt. Es ist die Nation, die nationale Handelsüberschüsse oder -defizite hat, weder der Fürst noch der Privatmann haben sie. Und diese Überschüsse oder Defizite werden öffentlich beobachtet, berechnet und der Verbesserung anheimgestellt. Auch die Allgemeinheit sollte im Rahmen der politischen Ökonomie die Verhältnisse, welcher Art auch immer, verbessern. Wobei materielle oder wirtschaftliche Verbesserungen eben der Allgemeinheit zugute kämen. Das wäre das »Improvement«, neben der Augmentation und der paradoxen Instruktion die dritte der drei Beratungsstrategien, die sich um 1700 zur Aufklärung bündeln. Eine für die *politici*, eine für die *privati*, eine für beide zusammen.

Vor allem England wird seit den wilden Jahren des Bürgerkriegs und der Republik (1642–1660) mit allen nur denkbaren Vorschlägen für Erfindungen und Verbesserungen *(inventions & improvements)* überschwemmt, wobei im englischen Begriff des »Improvement« stets die ökonomische Dimension mitzudenken ist. So gelten Andrew Yarrantons Verbesserungsvorschläge in *England's Improvement by Sea and Land* (1677) der Rivalität mit den Holländern, der Rückzahlung von Schulden, Arbeitsbeschaffung für die Armen, Vermehrung des kultivierten Landes, Schiffbarmachung der englischen Flüsse und vielem anderen mehr. Hier soll es besonders um zwei spezielle theoretisch-praktische Verbesserungen gehen. Die eine betrifft kollektive geistige Arbeit, die andere – komplementär dazu – individuelle körperliche Arbeit. In beiden spiegelt sich der europäische Kolonialismus, einmal derjenige der Entdecker, einmal der der Siedler.

Zur gleichen Zeit wie der adlige Franzose Montchrétien schrieb auch ein geadelter Engländer über die Verbesserung der Verhältnisse, aber diesmal nicht im Staat, sondern im Bildungswesen. Es war Francis Bacon, ein unglücklicher *politicus* wie Machiavelli, erst außerordentlicher Berater der Königin Elizabeth, dann aufgestiegen bis zum Lordkanzler Lord Verulam unter James I., 1621 angeklagt und verurteilt wegen Korruption, bis zu seinem Tod (1626) ein verschuldeter, nachdenklicher Schriftsteller. Er publizierte *On the Proficience and Advancement of Learning, Divine and Human* (1605) und die überarbeitete Version davon lateinisch unter dem Titel *De dignitate et augmentis scientiarum* (1623): Über die Würde und die Mehrung der Wissenschaften. Die dazugehörigen Schritte oder Werkzeuge veröffentlichte er 1620 als *Instauratio magna* und darin vor allem sein *Novum Organon*, auf das alte *Organon*, eine Schriftensammlung des Aristoteles, anspielend. Darin überträgt er die Erfahrung des Entdeckerzeitalters, als die Welt scheinbar grenzenlos wurde, auf den Verstandesgebrauch in lateinischen Schulen, Universitäten und Akademien seiner Zeit. Genauer, er überträgt die Wissensorganisation der Seefahrer auf das Bildungswesen.

Zwischen 1450 und 1650 wird die Erde nicht nur beschleunigt entdeckt, sondern sie wird auch mobilisiert in Sinne Bruno Latours, ihre See- und Landgrenzen, ihre Natur- und Bodenschätze, ihre Bewohner und deren Landesprodukte werden besucht und wieder besucht, aufgezeichnet, archiviert, überprüft auf geografische und ökonomische Ergebnisse.[1] Bis zum Jahr 1460 waren mehr als zweitausend Seemeilen westafrikanischer Küstenlinie

1 Bruno Latour, *Science in Action. How to follow scientists and engineers through society*. Cambridge/Mass.: Harvard University Press 1987.

in Augenschein genommen und kartografiert worden – mithilfe erprobter und zu erprobender Instrumente. Seefahrerwissen ist werkzeuggesättigt. Bei jeder neuen Ausfahrt wurden die Logbücher der Vorgänger konsultiert und verbessert, so dass ein fortlaufender Strom von Zahlen, Berichten und Bildern die Archive füllte, wodurch sich die Erfahrungsberichte in Erkenntnis verwandeln konnten. Noch heute, so schätzen die Botaniker, sind wohl einhunderttausend Pflanzenarten unbekannt und unbeschrieben – in den Zentren des vervielfältigten Wissens, wohlgemerkt, während sie vor Ort den indigenen Gemeinschaften selbstverständlich vertraut sind.

Aber dies zentralisierte Wissen ist nicht gratis, es kostet Geld. Daher sollte es auch Geldeswert wieder retournieren. Vasco da Gamas erste Indienreise hatte das Sechzigfache des investierten Kapitals eingebracht. Seefahrerwissen ist so auch Kaufmannswissen, es schafft und verteilt Kolonialwaren. Und, da es mit Herrschaft zu tun hat, ist es auch Politik. Das England Shakespeares und der Königin Elizabeth nahm an der Mobilisierung des dreifachen Wissens erfolgreich teil. Während die Flotte von einhundertdreißig spanischen Schiffen (Armada), die England erobern sollte, 1588 zugrunde ging, entfalteten sich britische Initiativen zur Erkundung und Besiedlung der Welt, zumal im katholischen Irland eine potentielle Kolonie vor der Haustür lag. Dem Seeräuberhäuptling Sir Francis Drake gelang 1577 bis 1580 die zweite Weltumsegelung nach Magalhães/Magellan. Sir Walter Raleigh versuchte seit 1578, englische Kolonisten in Nordamerika anzusiedeln, aber erst 1607 gelang in Jamestown eine Gründung der Virginia Company of London, die alsbald den begehrten Tabak anpflanzte und lieferte.

Das Bild der zeitgenössischen Entdeckungsreisen beherrscht Bacons Vorstellungen, wie Hans Blumenberg schon vor vielen Jahren in seinem *Prozeß der theoretischen Neugierde* (1973) erkannte. Im neuen Paradigma des Suchens und Findens, Erprobens und Erfindens gewinnt der Umgang mit Wissen Fortschritt und mit dem Fortschritt Würde. Aus Erfahrung und werkzeuggesättigter Beobachtung (*experientia/experimentum*) hat es sein Höchstes nicht mehr in der Theologie, sondern in der Erkenntnis der Natur *(philosophia naturalis)*. Vor allem ist die Naturerkenntnis, die Mutter aller Wissenschaften, ein gemeinsames Menschenwerk *in progress*, wie die Meereskarten der Seefahrer. Bacon verheißt einen endlosen Fortschritt durch endlose Verbesserung: »the Augmentation and Propagation« [of learning and knowledge], »an endlesse progresse or proficience«, »a purpose of proceeding in *melius*, and not in *aliud*: a minde of amendment and proficience; and not of change and difference« *(The Advancement of Learning)*. Durchaus zielgerichtet, indem er den König auf das Titelblatt seines Buches setzt und die zwei englischen Universitäten mit Reformvorschlägen behelligt.

Die Erkenntnis der Natur ist seit der Erschaffung des Menschen (Gen. 1,28) dessen Herrschaftsrecht, so Bacon, das er bewusst ausüben sollte, indem er die Natur mit Versuchen und Experimenten bedrängt, ihre Geheimnisse preiszugeben. Methodisch wie gesellschaftlich bilden seine technischen Erfindungen dabei den Angelpunkt. Die Buchdruckerkunst, das Schießpulver und der Kompass haben nicht nur das Antlitz der Erde verändert, sie haben auch, fortschrittsträchtig, zahllose weitere Erfindungen im Gefolge gehabt. Nur sollte dieser Weg, wie die Eroberungen Alexanders des Großen, zielbewusst fortgesetzt werden. »Das wahre und rechtmäßige Ziel der Wissenschaften aber ist kein anderes, als das menschliche Leben mit neuen Erfindungen und Ressourcen zu bereichern.«[2] Von dem Entdeckergeist der Neugierigen profitieren die Daheimgebliebenen – durch neue Dinge und vor allem neue Werkzeuge, die ihr Leben verbessern. Um dieses menschheitliche Ziel kontrolliert zu erreichen, muss alles Wissen aufgeschrieben und mitgeteilt werden *(experientia literata)*. Das ist bisher zu wenig geschehen, man hat unzusammenhängend und theoriefrei drauflos experimentiert oder aber Gedanken in die Luft geworfen, ohne zu handeln.

Die Entdeckungen der Kauffahrer haben andererseits das Übermaß der Erfahrungen ins Unendliche wachsen lassen. »Ins Unendliche« *(in infinitum)*, ein grenzenaufhebendes Wort. Das Titelkupfer der *Instauratio magna* illustriert daher nichts anderes als den Aufbruch zu neuen Ufern. Zwischen zwei Säulen (des Herkules) fährt ein Schiff hinaus aufs Meer, am Horizont ist noch ein anderes zu sehen. In manchen Drucken wird auch die Devise des Kaisers Karl V. eingeblendet: »*Plus ultra*«, und noch darüber hinaus. Die Alten, erläutert Bacon, haben sich an den Sternen orientiert und sind niemals über das Mittelmeer hinausgekommen; wir Zeitgenossen aber benutzen die Magnetnadel des Kompasses und fahren wie Kolumbus auf das Unbekannte zu.

So gesehen, ist der Aufbruch »noch darüber hinaus« zugleich ein Bruch, ein Bruch mit dem Bisherigen. Sein Werk verdanke sich, sagt Bacon in seiner Widmung an den König, dem entschiedenen Misstrauen in dasjenige, was bisher Geltung erlangt habe *(tantas de iis quae invaluerunt suspiciones)*. Ein Gleiches verlangt er auch von allen, die sich der Augmentation des Wis-

2 Francis Bacon, *Neues Organon. Lateinisch – Deutsch*. Hrsg. v. Wolfgang Krohn. Hamburg: Meiner 1990. Teilband I, Aph. 81: »Meta autem scientiarum vera et legitima non alia est, quam ut dotetur vita humana novis inventis et copiis.« (Übersetzung H. B.) Das Wort »copiis« umfasst zahlreiche Bedeutungen: Fülle, Menge, Reichtum, Schatz, Vorräte, Lebensmittel, Truppen, Fähigkeiten und Möglichkeiten.

sens widmen wollen. Der Forscher muss abstreifen, was sich vor die Dinge stellt, zum Beispiel eigene Sinnestäuschungen, aber auch das fehlleitende Gerede der anderen. Das ergibt vier Arten von fremdbestimmten Vorurteilen *(praejudicia)*: die der Sinneswahrnehmungen, der Erziehung, der Autoritäten, der Öffentlichkeit. Erst dann, »wenn er die schlechten und tief eingewurzelten Gewohnheiten seines Verstandes durch ein zeitiges, gleichsam gesetzmäßiges Innehalten korrigiert hat, dann erst, wenn er im Vollbesitz seiner selbst ist, möge er seine eigene Urteilskraft gebrauchen«. Kein Selbstdenken ohne reflektierte Selbstreinigung und ohne reflektierte Bereinigung der Tradition.

Zeitgleich mit Bacons Überlegungen regulierte das englische Parlament den Erfinderschutz. Laut dem *Statute of Monopolies* (1624) war die Krone gesetzlich verpflichtet, den ersten Erfinder vor Nachahmungen seiner Erfindungen zu schützen. Außerdem führten Bacons Anstöße ganz real zu einer außeruniversitären Einrichtung. 1660 begründeten zwölf Gentlemen (Adlige und Akademiker) die Royal Society of London for Improving Natural Knowledge. Ihre Devise »Nullius in verba« ist ein Widerwort gegen das Auswendiglernen, nach dem Lateinischen des Horaz: *iurare in verba magistri*, auf die Worte des Lehrers schwören.

Bacon selbst führt seine Gedanken in einer Fragment gebliebenen Erzählung weiter. Auf einer geheimnisvollen Insel, so die Utopie von *Nova Atlantis* (engl. 1626), gibt es ein Wissenschaftsparadies der Erfinder und Ingenieure. Ein Teil der Erfindungen kommt auch den Einwohnern zugute: künstliche Mineralien als Medikamente, künstliche Nahrungsmittel und Geschmacksstoffe – die meisten Resultate aber bleiben unter sich: Tierversuche und abenteuerliche Kreuzungen neuer Säugetiere usw., künstliche Regenbogen und Lichtschwingungen, mehr als nur *ein* Perpetuum mobile, Tonaufzeichnungen, Fluggestelle, Unterwasserboote und natürlich viel stärkere Waffen als bekannt. Kurz, das kreative Experimentieren will Natur *machen*, das heißt sie erkennen und beherrschen zugleich, um gottgleich alle Dinge zu bewirken, die möglich sind. (»The End of our Foundation is the Knowledge of Causes, and Secret Motions of Things; And the Enlarging of the Bounds of Human Empire, to the Effecting of all Things possible.«)

Wenn die Grenzen der menschlichen Herrschaft (»the Bounds of Human Empire«) kontinuierlich hinausgeschoben werden, stehen die Grenzen der Welt nur vorläufig, also gar nicht, fest – für uns Europäer. Was immer die Bewohner von Atlantis erfinden, es bleibt dem Rest der Menschheit so verborgen wie die Zukunft (ausgenommen den Lesern des Berichts). Alle zwölf Jahre werden zweimal drei der Wissensverbesserer bei anderen Völkern abgesetzt, um zwölf Jahre später Informationen über deren Wissenschaften, Künste und Erfindungen sowie Bücher, Instrumente und Muster zurückzubringen. Sie wollen als Entdecker unentdeckt bleiben; sie sollen die Erfinderkultur von Atlantis bereichern, nicht aber das menschliche Leben auf dieser Erde. Geistige Ausbeutung, kein geistiger Austausch.

Darin zeigt sich die Asymmetrie von Erfindung und Entdeckung. Der Erfinder verändert, was er vorfindet (die Natur), um mit Ursachen und Wirkungen ihre Funktionsweise festzustellen (und *analoga* herzustellen). Der Entdecker verändert, was er gefunden hat (die bewohnte [?] Natur), um sie europäisch zu verwalten und dadurch etwas zu gewinnen, am besten Gold. Wodurch er zum Eroberer wird. Aber mit welchem Recht ernannte der spanische König Christophorus Columbus zum Vizekönig aller noch zu entdeckenden Länder? Mit welchem Recht schleppten die Portugiesen mannshohe Steinsäulen auf ihren Karavellen mit, um sie an der afrikanischen Küste besitzanzeigend aufzustellen?

Es reichte nicht, dass sich die Europäer den Barbaren, Menschenfressern und Naturkindern himmelhoch überlegen fühlten, es brauchte einen Rechtsgrund. Den lieferte zunächst der Papst aufgrund der (gefälschten) Konstantinischen Schenkung, als er die Erde nach Himmelsrichtungen zur Eroberung freigab: für die Spanier alles, was nach Westen liegt, für die Portugiesen ebenso nach Osten. Der Kirche hatten die Entdeckungen eben als Kreuzzug oder Heiliger Krieg gegolten, so in der Bulle *Dum diversas* (1452) von Papst Nikolaus V. Wie alles, was die Erhaltung und Mehrung (*integritatem, augmentumque*) des Glaubens fördert, durfte der König von Portugal sich und allen seinen Nachfolgern zum ewigen Eigentum »die sarazenischen, heidnischen und sonstwie ungläubigen und christusfeindlichen Reiche [...], Burgen und sonstigen Besitztümer, bewegliche und unbewegliche Güter, wo auch immer gelegen, angreifen, erobern, bezwingen und unterjochen und deren Bevolkerung in ewige Sklaverei [*in perpetuam servitutem*] versetzen«.[3] Auch noch mit Sündenablass für die Teilnehmer.

Die Frage nach dem Recht des Entdecker-Eroberers betrifft Grundfragen europäischer Herrschaft in der Neuzeit: die Bildung zentralisierter Staaten, ein globales Wirtschaftssystem, das auf dem Privateigentum beruht, sowie fortwährende Kriege, um das System aufrechtzuerhalten. Über die jahrhundertelange Diskussion legte sich naturgemäß der Schatten des römischen

3 *Die katholische Sozialdoktrin in ihrer geschichtlichen Entfaltung. Eine Sammlung päpstlicher Dokumente vom 15. Jahrhundert bis in die Gegenwart.* (Originaltexte mit Übersetzung). Hrsg. v. Arthur Utz u. Brigitta Gräfin von Galen. Bd. II. Aachen: Scientia Humana 1976.

Weltreichs und seiner Juristen. Ein fremdes Land durfte erobert werden, vorausgesetzt, es handelte sich um einen »guten Krieg« mit gerechter Ursache *(iusta causa)* und gerechten Absichten *(iusta intentio)*, zum Beispiel die Bestrafung nach einem Rechtsbruch. Es gab auch privatrechtlich die friedliche Inbesitznahme *(occupatio)* etwa von herrenlosen Dingen oder wilden Tieren in der Natur. Wer als Erster zugriff, hatte das Eigentumsrecht. Zumal in der christlichen Interpretation wurde daraus ein Urzustand, in dem alle Dinge allen gemeinsam gehörten (Urkommunismus), so dass privater Besitz erst nach Absprache oder Vereinbarung mit den anderen rechtsgültig war. Der Vorrat herrenloser Dinge oder des Vorgefundenen (der Natur) war darin begrenzt, dass es zur Aneignung die Mitsprache der anderen brauchte.[4]

Das hieß für die Siedlerkolonisten in Nordamerika: Kamen sie in ein herrenloses Land, in dem vertragsunfähige Barbaren herumstreiften, oder betraten sie einen Boden, der den dort Lebenden gehörte? Die Antworten fielen verschieden aus. Der Quäker William Penn erhielt das Gebiet seiner Kolonie Pennsylvanien sowohl vom englischen König (als Geschenk) wie auch von den Indianern (durch Kaufvertrag). Die Eigentümer der Provinz Carolina dagegen, gleichfalls vom König privilegiert, verboten ihren Siedlern, irgendwelchen Landkauf mit den Indianern abzuschließen.[5] Der Arzt und Philosoph John Locke (1632–1704), der mit diesen Eigentümern beratend zu tun hatte, sah jedoch im Eigentumserwerb durch Übereinkommen ein unsauberes Konstrukt und entschloss sich, alle Sozialbezüge zu kappen. In der Zeit, als er die *Fundamental Constitutions of Carolina* redigierte (1682), arbeitete er auch eine eigene Argumentation zum Eigentumserwerb aus. Sie wurde als Kapitel V. *Vom Eigentum* in seinen zweiten Traktat *Über die Regierung* eingefügt (publiziert 1689). Darin wird der koloniale Siedler durch seine verbessernde Arbeit – nicht durch die Technik – zum Angelpunkt des modernen Kapitalismus. Schon außerhalb jedes sozialen Zusammenhangs, schon im Naturzustand, schafft er sich ein soziales Rechtsgut, das Privateigentum.

Unbestreitbar, sagt Locke, unbestreitbar hat der Mensch ein ursprüngliches Eigentum an seiner eigenen Person. Was er zur Selbsterhaltung der Person braucht und was die Erde von sich aus hervorbringt, darf er sich mit seiner Hände Arbeit nehmen. (»The *Labour* of his Body and the *Work*

4 Ich folge hier der Argumentation von Manfred Bröcker, *Arbeit und Eigentum. Der Paradigmenwechsel in der neuzeitlichen Eigentumstheorie*. Darmstadt: WBG 1992.

5 David Armitage, *John Locke, Carolina, and the »Two Treatises of Government«*. In: *Political Theory*, Nr. 32/5, Oktober 2004.

of his Hands, we may say, are properly his.«) Also Eicheln sammeln oder Äpfel pflücken, ja auch einen Hasen fangen. Die Arbeit ist mein, mit der ich mir etwas aus dem Gemeinbesitz aller Menschen (»the wild Common of Nature«) herausnehme, und folglich ist auch das Herausgenommene mein. Wenn wir von den Jägern und Sammlern zum Ackerbau übergehen, gilt gleichfalls: So viel Land, wie ein Mann bestellt, bepflanzt, verbessert, kultiviert und dessen Erzeugnisse er gebrauchen kann, so viel ist sein Eigentum (»*As much land* as a Man Tills, Plants, Improves, Cultivates, and can use the Product of, so much is his *Property*«). Was vorher wild und nutzlos herumlag, ist durch die Arbeit erst wertvoll gemacht worden. Und dadurch gibt Arbeit das Recht zur Aneignung.

Dieser Protoeigentümer ist natürlich eine Fiktion *(fictio juris)*, aber es fällt doch auf, dass er, der ein gesellschaftliches Recht begründen soll, so asozial in der Welt steht. Er tritt nicht als Paar auf wie Adam und Eva, nicht mit Kindern, die ihm helfen und die er zu versorgen hätte, schon gar nicht mit seiner Sippschaft. Er jagt und erntet allein, obwohl doch gerade Jagd und Ernte zu Lockes Zeiten Gemeinschaftsarbeiten waren. Er gräbt sogar allein nach Erz, wo? auf seinem Land.[6] Aristoteles hatte in seiner *Politik* mehrere Lebensweisen unterschieden, bei denen der Unterhalt durch natürliche Arbeit und nicht durch Tausch oder Handel erworben wird: das Leben der Nomaden, der Bauern, der Räuber, der Fischer und der Jäger. In Lockes Entwurf sind die Nomaden verschwunden wie die anderen auch – nachbleibt der Siedler, der auf die menschenleere Welt zugreift, obwohl er mit seinem Ackerbau den Lebensraum der Einheimischen kränkt.[7] Amerika ist der Naturzustand: »Thus in the beginning all the world was *America*, and more so than that is now; for no such thing as *Money* was any where known« (§ 49). Der Naturzustand ist hier erstmals, im Gegensatz zur alten Okkupationstheorie, grenzenlos (räumlich) und unerschöpflich (zeitlich) gedacht. Man braucht keine Vereinbarung, weil genug da ist, auch heute noch (»there is Land enough in the World to suffice double the Inhabitants«), wäre da nicht die Geldwirtschaft. Von heute aus gesehen ein ökologischer Irrtum. Aber

6 Der Goldrausch in Kalifornien (1848 ff.) gab den Erzgräbern und Goldwäschern letztlich Recht gegenüber allen Eigentumsansprüchen, die der Schweizer Johann August Sutter mit seiner Kolonie Neu-Helvetien begründet hatte, wie Blaise Cendrars (*L'Or*, 1925) und Stefan Zweig (*Sternstunden der Menschheit*, 1927) erzählen.

7 Amitav Ghosh versteht die kränkenden und krankmachenden Umweltveränderungen der Siedler geradezu als eine Form des Krieges. Amitav Ghosh, *Der Fluch der Muskatnuss. Gleichnis für einen Planeten in Aufruhr*. Aus dem Englischen von Sigrid Ruschmeier. Berlin: Matthes & Seitz 2023.

wichtiger – hier, an dieser Stelle, gerade weil Locke von der Geldwirtschaft absieht, berühren sich Bacon und Locke, Aufklärung und Kapitalismus wohl am innigsten: Es gibt noch so *unendlich viele* unbekannte Dinge in der Welt zu entdecken, zu erdenken, zu erfinden, zu erarbeiten, zu verkaufen.

Die Arbeit des Siedlers hat nichts mit der Umwelt zu tun. Woher hat er sein Saatgut? Und wenn die aufgegangene Saat (die Ernte) ihm gehört, wieso gehört ihm noch das Erdreich, darin sie gewachsen ist? Auch der Apfelbaum ist ja nicht sein, nur weil er sich einen Apfel genommen hat. Lockes Zeitgenossen berechneten die Produktionsfaktoren halb und halb, mit einem klassischen Vergleich: Die Erde ist die Mutter, menschliche Arbeit ist der Vater der Ernte. Locke dagegen schätzt, dass das Vorgefundene (die Natur) höchstens zu einem Zehntel an der Ernte beteiligt ist, ja wenn man die kulturelle Verflochtenheit aller Arbeitsvorgänge (»*owing to labour* and industry«) bedenkt, höchstens zu einem Hundertstel. Nur ist die Verflochtenheit von Fleiß und Arbeit hier ganz ohne die Mitarbeit des Feuers gedacht.[8] Wem gehört schon das Feuer?

Das Wachstum zwischen Himmel (Wetter!) und Erde ist also zu 99 Prozent menschengemacht, die Natur kann außer Betracht bleiben; sie ist in unbearbeitetem Zustand recht eigentlich bloß Rohstoff, wüst und leer (»waste«), aber immerhin: grenzenloser Rohstoff. Solcherart erhält die aristotelische Frage nach dem Verhältnis von Materie und Form eine überraschende Antwort: »Nature and Earth furnished only the almost worthless Materials« (§ 43). So gut wie wertlos ist das unbearbeitete Land, weil erst die Bearbeitung Wert schafft. Dieser Wert ist freilich nicht der Gebrauchswert für den Eigentümer, der davon subsistieren müsste, sondern der Tauschwert auf dem Markt (Preis) – verborgen in der Formulierung, dass es um das Wohl oder den Nutzen (»benefit«) der Menschheit geht. Wer demnach Land bestellt und sich dadurch aneignet, verringert nicht den gemeinsamen Vorrat der Menschheit (»the common stock of mankind«), sondern vergrößert ihn sogar um ein Vielfaches. Das lässt sich auch beziffern. 1000 unkultivierte Acres in Amerika kommen der Menschheit weniger zugute als 10 wohlbestellte Acres in Devonshire. Ein Acre, der in England 20 Bushel [etwa 500 Kilogramm] Weizen erbringt und damit 5 Pfund, würde wohl auch einem Indianer ebenso viel Weizen verschaffen – aber keinen Penny, weil der Indianer (anders als der Siedler) außerhalb von Kultur- und Handelsbeziehungen lebt.

8 Peter Sloterdijk, *Die Reue des Prometheus. Von der Gabe des Feuers zur globalen Brandstiftung*. Berlin: Suhrkamp 2023.

So gesehen, redet Locke nicht so sehr über die Arbeit, sondern vielmehr über die Produktion. Von der körperlichen Arbeit kommen wir über das Eigentum zu den Agrarprodukten. Das darf man wohl einen historischen Wendepunkt nennen. Die abendländische Verachtung der Handarbeit, die biblische Mühsal »im Schweiß deines Angesichts« ist nobilitiert zur Wertschöpfung in der europäischen Menschheit. Das wird im 18. Jahrhundert in der Wertschätzung des Bauern (Volksaufklärung) ausbuchstabiert. Jene Glättungen und Vereinfachungen, die Locke bei der Analyse der ersten Aneignung vornimmt, haben eine Funktion. Sie sparen agrikulturelle und werkzeugtechnische Zusammenhänge aus, um die Arbeit im handelskulturellen Kontext wiederzufinden. Wenn wir den Philosophen Locke ernst nehmen wollen, müssen wir die Geschichte des Kapitalismus mit der Landwirtschaft beginnen lassen, nicht mit den Maschinen.

Der Protoeigentümer erarbeitet agrarische Waren. Vorausgesetzt, er hat dabei das Land verbessert, indem er es zum Beispiel bepflanzt und gedüngt hat. Eine Verbesserung, die ihrerseits wieder Arbeit oder Geld gekostet hat, so dass sie produktionstechnisch als Investition aufzufassen ist.[9] Das ergibt die kapitalistische Übersetzung von »Improvement«: investieren, um den Marktwert zu steigern. Der dazugehörige Markt ist nicht der Treffpunkt lokaler Bedürfnisse, sondern der koloniale Weltmarkt. Denn die Anpflanzungen (Plantagen) der Kolonien haben überhaupt erst vorgeführt, wie man die Natur für den Export heranzieht.

Im Vorbeigehen gibt Locke noch einen Hinweis für die Fürsten: Wahre Regierungskunst besteht nicht nur darin, das Land zu erweitern, sondern vor allem darin, es recht bewirtschaften zu lassen. Einer seiner Zeitgenossen, Sir William Petty (1623–1687), ein Gründungsmitglied der Royal Society of London und Landvermesser in Irland, wodurch er zu Ruhm und Reichtum kam, Petty also ging sehr viel weiter und legte dem König James II. seinen Plan vor (mit Kostenvoranschlag), die Bevölkerung Irlands nach England umzusiedeln; erstens, um die irischen Kolonialprobleme ein für allemal zu lösen, vor allem aber, um das englische Nationaleinkommen zu erhöhen. Nationaleinkommen? Ja, Pettys penible Schätzung entspricht dem, was heute das Bruttosozialprodukt ist.[10] Er hatte errechnet, dass das nationale

9 Vgl. die Geschichte des Schweizer Bauern Kleinjogg im 18. Jahrhundert bei Heinrich Bosse, *Aufklärung und Kapitalismus (II). Kaufmännisches Rechnen.* In: *Merkur*, Nr. 856, September 2020.

10 William Petty, *A Treatise of Ireland* [geschr. 1687]. In: *The Economic Writings of Sir William Petty*. Hrsg. v. Charles Henry Hull [1899]. Bd. II. Reprint London 1997.

Einkommen aus menschlicher Arbeit viel höher lag als das aus anderen Quellen, so dass man Arbeit nun auch besteuern dürfte oder sollte.

In der Widmung des Umsiedlungsplans an den König erklärte Petty wie üblich, das Projekt diene dem Ruhm des Königs und dem Glück der Untertanen (»to your Majesty's Glory and Greatness, and the Happiness of your People«). Zusätzlich betonte er sein persönliches Interesse an Dingen, deren Komplexität auf Zahl, Gewicht und Maß reduziert werden könne (»puzzling and perplext Matters, that may be brought to Terms of Number, Weight and Measure«). Der haarsträubende Plan wurde dem König vorgelegt, aber erst 1899 publiziert. Dennoch halte ich Pettys seinerzeit unveröffentlichte Worte für eine Geheimformel der Aufklärung. Sie stammen aus dem biblischen Buch der Weisheit (Kap. 11, Vers 21): »Aber du hast alles nach Maß, Zahl und Gewicht geordnet«, dem *locus classicus* göttlicher Rationalität. Erstaunlicherweise sind sie nicht weniger wichtig als Kants Beantwortung der Frage, was Aufklärung sei. Denn auch sie sind Aufklärung, und zwar zahlenbasierte Aufklärung. Petty verband das Interesse an Steuerfragen mit Bevölkerungsstatistiken und las seine, natürlich dem König gewidmeten (»better to praise and magnifie Your Majesty«), *Five Essays in Political Arithmetick* erst in der Royal Society vor, bevor er sie englisch und französisch 1687 in London drucken ließ.

Politische Ökonomie kann uns helfen, die Aufklärung zu verstehen. Die beratende Kommunikation mit den Herrschenden ist einer ihrer wesentlichen Bestandteile. Ebenso die Mathematisierung der Welt. Anton Tantners Erkenntnis, die Erfindung der Hausnummern unter Maria Theresia, die alle Wohngebäude, Paläste wie Hütten, numerisch egalisierten, sei eine der größten Innovationen des Aufklärungsjahrhunderts – dies Bonmot ist, wie mir scheint, ohne Echo verhallt. Wer würde abstreiten wollen, dass es sich dabei um eine Verbesserung der Verhältnisse handelt?

Philosophiekolumne

Zum ewigen Frieden

Von Gunnar Hindrichs

I

Vor dreihundert Jahren wurde Immanuel Kant geboren. Sein Werk ist mit Grundbegriffen der Moderne verbunden: Kritik, Autonomie, freies Spiel der Einbildungskraft. Bis heute fordert es zur Selbstverständigung heraus.

Aus Anlass des Geburtstages sollte der internationale Kongress der Kant-Gesellschaft in Königsberg stattfinden – in der Stadt, in der Kant sein ganzes Leben verbrachte. Seit 1945, nach einem Zweiten Weltkrieg, heißt sie Kaliningrad und gehört zu Russland. Auch zu Kants Lebzeiten befand sich Königsberg für mehrere Jahre unter russischer Regierung.[1] Die Beamten legten den Eid auf die Zarin Elisabeth ab und versahen dann denselben Dienst für dasselbe Gehalt weiter. Der Umgangston aber änderte sich: Kants Freund Johann Georg Scheffner sprach von einer »Humanisierung« der städtischen Gesellschaft. Und offenbar waren die russischen Offiziere nicht zuletzt der Universität wohlgesonnen.

Kant hatte viele von ihnen in seinen Vorlesungen sitzen und gab manchen Privatissima: nicht schlecht vergütet. Nur seine Bewerbung um die Professur für Logik und Metaphysik scheiterte. »Ew: Kayserl: Majestät wollen allergnädigst geruhen diese erledigte professionem ordinariam mir huldreichst zu conferiren, wie ich denn vertraue Senatus academicus werde in Ansehung der dazu erforderlichen capacität mein unterthänigstes Ansuchen mit nicht ungünstigem Zeugniße begleitet haben. Ich ersterbe in tiefester devotion Ew. Kayserl Majestät allerunterthänigster Knecht«, schrieb er am 14. Dezember 1758 an die Zarin.[2] Das Gesuch blieb erfolglos – wie schon zwei Jahre früher, als es noch an Friedrich II. gegangen war, den König »in« Preußen (»von« Preußen durfte er sich erst ab 1772 nennen: nach der Annexion Polnisch-Preußens). 1756 hatten die Worte nicht viel anders gelautet: »Die Begierde mich in einer von denen philosophischen Wißenschaften vorzüglich zu habilitiren, veranlaßet mich Ew: Königl. Majestät in tiefster Unterthänigkeit um die durch das Absterben des Seel. Prof. Knutzen erledigte außerordentliche Profeßion der logic und metaphysic auf der hiesigen academie anzuflehen.«[3] 1770 versuchte Kant es dann erneut bei Friedrich II., unter dessen Herrschaft Königsberg inzwischen wieder gekommen war. »Mein 15jähriger ununterbrochener Fleis und Beyfall in Academischen Vorlesungen, imgleichen der

1 Dazu Manfred Kühn, *Kant. Eine Biografie.* München: Beck 2003.

2 Immanuel Kant, *An die russische Kaiserin Elisabeth vom 14. Dezember 1758.* In: Ders., *Akademie-Ausgabe*, Bd. X. Berlin 1922.

3 Immanuel Kant, *An König Friedrich II. vom 8. April 1756.* In: Ders., *Akademie-Ausgabe*, Bd. X.

gute Ruf den ich auch auswärtig durch Schriften erworben zu haben glaube, lassen mich hoffen: Ew: Königl: Maj: werden mich der hierunter zu bezeigenden Gnade, nicht gänzlich unwürdig finden.«[4] Diesmal wurde er berufen. So lief das im aufgeklärten Absolutismus.

Nach seiner Berufung veröffentlichte Kant erst einmal zehn Jahre lang nichts. 1781 kam dann die *Kritik der reinen Vernunft* heraus, 1787 ihre veränderte Zweitauflage, 1788 die *Kritik der praktischen Vernunft*, 1790 die *Kritik der Urteilskraft*. Eine Reihe weiterer Schriften zur theoretischen und praktischen Philosophie formulierte die kritische Philosophie aus. Sie vollzog die kopernikanische Wende des Denkens: weg von in Sinnlichkeit oder Rationalität gegebenen Ausgangspunkten, hin zu erst in kritischer Reflexion erzeugten Grundsätzen. Diese Wende hat sich in die Anspruchsbestimmtheit der Moderne eingeschrieben.

Kein Wunder also, dass dreihundert Jahre Kant eine große Sache sind. Aber aus dem Kaliningrader Kongress wurde nichts. Nach Beginn des offenen Krieges in der Ukraine verlegte ihn der Vorstand der Kant-Gesellschaft. Ein Königsberg, das infolge des verlorenen deutschen Feldzugs zu einem Russland gehört, das heute selber im Felde steht, schien ihm unangemessen. Man entschied sich darum für – Bonn. Dort werden sich im September die Kant-Spezialisten versammeln: im westdeutschen Provinzialismus.

Hauptstädtischer kam der Festakt der Berlin-Brandenburgischen Akademie der Wissenschaften am dreihundertsten Geburtstag selbst daher. Hier sprach, unter professoraler Begleitmusik, der Bundeskanzler. Auch Olaf Scholz verknüpfte das Jubiläum mit dem Krieg. Besonders empörte ihn, dass der russische Präsident in den letzten Jahrzehnten immer wieder mitgeteilt hatte, dass Kant zu seinen Lieblingsphilosophen gehöre. Hier waren Besitzverhältnisse zu klären. Wenn es eine Politik gebe, die sich auf Kant beziehen dürfe, dann die deutsche. Für diese Klärung zog man Kants Spätschrift *Zum ewigen Frieden* heran. Der Kanzler stellte fest: »Kants große Frage nach den Bedingungen der Möglichkeit dauerhaften Friedens in kriegerischer Zeit gehört heute wieder ganz oben auf die Tagesordnung.«[5] Und fuhr fort: »Deshalb ist es eine gute Idee, Kants großartige Schrift *Zum ewigen Frieden* gerade jetzt aufs Neue zur Hand zu nehmen.« In dieser großartigen Schrift mit der großen Frage geht es nicht zuletzt um Friedens*stiftung*. Der Bundeskanzler schloss daraus: »Der Friede, den die meisten von uns so lange als selbstverständliche Normalität und natürlichen Zustand erlebt haben – er ist genau dies nicht. Er ist eben nicht ›natürlich‹. Er muss auch heute noch – und heute wieder – ›gestiftet‹ werden.« Solche Stiftung ist das Anliegen des Bundeskanzlers.

Hier wird es unheimlich. Welcher Friede wurde von uns so lange als selbstverständliche Normalität und natürlicher Zustand erlebt? Bleiben wir einmal nur im Europa seit 1945. Nach dem Zerfall der Alliierten herrschte dort bis zum Ende der sozialisti-

4 Immanuel Kant, *Brief an König Friedrich II. vom 16. März 1770*. In: Ders., *Akademie-Ausgabe*, Bd. X.

5 *Bulletin der Bundesregierung Nr. 37-4* vom 23. April 2024. – Alle Zitate nach der Wiedergabe der Rede im Bulletin.

schen Staaten ein Kalter Krieg: mit Feinderklärung, Hochrüstung, Vernichtungsangst. Auch der heutige Bundeskanzler forderte damals als junger Mensch »Abrüstung jetzt!« Mit dem Ende des Kalten Krieges setzten dann die nicht mehr nur kalten Jugoslawienkriege ein. Und nach einer Pause von gerade einmal dreizehn Jahren begannen offene Kriegshandlungen in der Ukraine. Von selbstverständlicher Normalität und natürlichem Zustand des Friedens keine Spur. Es rückwirkend so zu verklären, hat nur einen Sinn: das Unternehmen einer Friedenstiftung »heute« zu propagieren. Und was darunter zu verstehen sei, macht die vom Kanzler vertretene Zeitenwende – auch sie wird in der Rede bemüht – deutlich: Weltordnungskrieg, Freund-Feind-Verhältnisse, Erhöhung der Militärausgaben, Absage an wissenschaftliche Zusammenarbeit. Sie sollen jetzt Faktoren der Friedensstiftung sein. Denn: »Wir alle wünschen uns Frieden für unsere Zeit. Aber ein Frieden um jeden Preis – das wäre keiner.« Darum muss weiter Krieg geführt werden: bis der Friede zum rechten Preis eingerichtet sein wird.

Diese Volte ist beachtlich. Bei Kant diente das Konzept der Friedensstiftung zur Beendigung des Krieges. Beim Bundeskanzler gerät es zum Argument dafür, dass man sich vom Normalzustand verabschieden solle, um den Frieden im militärischen Ausnahmezustand einzurichten. Unter der Hand wird so der Friede zur Suspension des Normalerlebens – und der Krieg zur Fortsetzung der Friedenspolitik mit anderen Mitteln. Es liegt auf der Hand, dass auch der Feind *seinen* Krieg zur Fortsetzung *seiner* Friedenspolitik mit anderen Mitteln erklären wird. Ob solche Schachzüge tatsächlich von dem Gedanken einer Friedensstiftung getragen werden? Eher scheinen sie den Krieg zu verstetigen. Denn wenn der wahre Friede nur durch den Zeitenwendekrieg eingerichtet werden kann, während der Feind seinerseits ihn nur durch seinen Krieg einrichten zu können meint, dann verbeißen sich die kriegerischen Friedensstiftungen ineinander.

Allein, was auch immer davon zu halten sei: Die Rede des Kanzlers – und auf einer banaleren Ebene das Vereinswesen der Kant-Gesellschaft – machen klar, dass der dreihundertste Geburtstag im Zeichen des Krieges steht. Darum müssen auch wir uns Kants Denken von dem Leitgedanken *Zum ewigen Frieden* her vergegenwärtigen. Nur so klärt sich seine Aktualität, nur so erweitert sich der »Schulbegriff« dieses Denkens zum »Weltbegriff«.[6]

II

»Zum ewigen Frieden« – das klingt bombastisch und ironisch zugleich. Es ist es auch. Bombastisch: weil es hier nicht um irgendeinen Frieden zu irgendeiner Zeit geht, sondern um die Aufhebung aller zeitlichen, eingeschränkten Friedensformen in einen anderen, endgültigen Zustand. Ironisch: weil der Titel unter einem seltsamen Bezug eingeführt wird. Die Schrift beginnt: »*Zum ewigen Frieden.* Ob diese satirische Überschrift auf dem Schilde jenes holländischen Gastwirts, worauf ein Kirchhof gemalt war, die Menschen überhaupt, oder besonders die Staatsoberhäupter, die des Krieges nie satt werden können, oder wohl gar nur die Philoso-

6 Diese Unterscheidung bei Immanuel Kant, *Kritik der reinen Vernunft*, A 838 = B 866.

phen gelte, die jenen süßen Traum träumen, mag dahin gestellt sein.«[7] Der Friedhof also als der Ort des ewigen Friedens.

Hier dringt Kants verschrobener Witz durch. Anfangs des 18. Jahrhunderts war ein Programm des Abbé de Saint-Pierre erschienen: *Projet pour rendre la paix perpétuelle en Europe* (1713) – »Projekt für einen ewigen Frieden in Europa«. Stoßrichtung des Programms: Solange der Friede das Resultat eines Kräftegleichgewichts darstellt, bleibe er immer nur ein Waffenstillstand, der bei Verschiebung der Konstellation ausgehebelt werden wird. Es liege daher im Interesse der Fürsten selbst, Europa in die Form einer stabilen Allianz zu gießen, die statt der Waffen vermittelnde Verfahren kenne. Das machte im Zeitalter der Aufklärung Furore. Aber es kam insgesamt nicht gut an. Meist verstand die zeitgenössische Diskussion es als Schwärmerei. Doch fünfzig Jahre später radikalisierte Rousseau den Gedanken: in einem *Jugement sur le projet de paix perpétuelle* (1761). Es argumentierte: In der Tat sei eine Allianz vonnöten. Indessen könne sie nicht von den Interessen souveräner Fürsten ausgehen, sondern müsse – wie nach Rousseau der Gesellschaftsvertrag schlechthin – in Volkssouveränität gründen. Aus einer Privatsache der Herrschenden sollte so der Friede zur öffentlichen Sache *(res publica)* der Völker werden: Der friedensstiftende europäische Bund muss auf einen republikanischen Bund vereinter Nationen hinauslaufen.

Vor diesem Hintergrund ist Kants Konzept zum ewigen Frieden zu lesen. Auch es läuft auf die Idee eines Völkerbunds hinaus. Und auch es ist mit dem Primat des Republikanischen verknüpft. Eingangs aber stellt es sich unter das Emblem des Friedhofs. Und es verbindet mit ihm drei unterschiedliche Gruppen: die Menschen, die Fürsten, die Philosophen. Was kann das heißen? Doch wohl dies: Die Menschen als solche, aus deren »krummem Holz« nie »etwas völlig Gerades gezimmert« werden kann,[8] finden ihren Frieden erst im Tod; die Fürsten, die stetig Krieg führen, werden Frieden nur als Tote bringen; und die Philosophen, die vom Frieden bloß träumen, kann man begraben. So stellen sich Kants Ausführungen unter eine ironische Dreifachklausel: aus menschlicher Vergänglichkeit, herrschender Kriegslüsternheit, philosophischer Schwärmerei.

Unter dieser ironischen Klausel arbeitet der Ernst der Schrift: für die Idee eines Völkerbunds als »Friedensbund«.[9] Hierzu führt er eine rechtsphilosophische, eine geschichtsphilosophische und eine religionsphilosophische Argumentation durch.[10] Gehen wir sie der Reihe nach durch.

7 Immanuel Kant, *Zum ewigen Frieden*. In: Ders., *Akademie-Ausgabe*, Bd. VIII. Berlin 1923.

8 Immanuel Kant, *Die Religion innerhalb der Grenzen bloßer Vernunft*. In: Ders., *Akademie-Ausgabe*, Bd. VI. Berlin 1914.

9 Kant, *Zum ewigen Frieden*.

10 Dazu konzise Manfred Baum, *Kant über Krieg und Frieden*. In: Ders., *Kleine Schriften 2. Arbeiten zu Kants praktischer Philosophie*. Berlin: de Gruyter 2020. Über Kants Friedensperspektive insgesamt Hans Saner, *Kants Weg vom Krieg zum Frieden*. Bd. 1: *Widerstreit und Einheit. Wege zu Kants politischem Denken*. München: Piper 1967. Der zweite Band des Jaspers-Schülers ist nie erschienen.

III

Die rechtsphilosophische Argumentation arbeitet mit der Unterscheidung von Naturzustand und Gesellschaftszustand. Jener ist gesetzlos, dieser ist gesetzlich. Entsprechend handeln die Menschen im Naturzustand nur nach eigenem Gutdünken, so dass ihre Handlungen miteinander kollidieren und in den Krieg münden. Von daher ist auch der Staatenkrieg zu begreifen. Er findet im Naturzustand des Staatenverhältnisses statt, wo ein jeder Staat seine Interessen nur nach eigenem Gutdünken verfolgt. Abmachungen und Bündnisse zwischen Staaten müssen hier unsicher und wankend bleiben.

Sollte es hingegen gelingen, einen Gesellschaftszustand der Staaten zu gestalten, dann lebten die Staaten im Geist von Gesetzen. Hier ließe sich eine internationale Rechtsordnung mit Aussicht auf einen Völkerbund errichten. Sie wäre die notwendige Voraussetzung einer Friedensordnung. Hinreichend wäre sie freilich nicht. Genauso wenig wie der Rechtsfriede innerhalb eines Staates die Gewalt zwischen Menschen faktisch beendet, beendet der Rechtsfriede zwischen den Staaten die Gewalt faktisch. Aber er stellt das Geltungsgefüge auf, unter dem der Krieg seine Berechtigung verliert – und mit ihr auch einen Teil seiner Macht. Hobbes' alte Formel »aus dem Naturzustand ist herauszugehen« *(e statu naturali exeundum esse)* gewinnt somit eine neue Bedeutung. Nicht nur bezeichnet sie den Schritt in die bürgerliche Gesellschaft. Sie bietet auch Aussicht auf einen zwischenstaatlichen Frieden, der statt eines vergänglichen Waffenstillstands ein weltbürgerliches Miteinander darstellt.

Nun könnte man glauben, dass aus diesem Argument die moralische Forderung entstehe, einen Völkerbund als Friedensbedingung einzurichten. Aber Kants Schrift erhebt solche Forderungen nicht. Sie ergäben unter der Dreifachklausel der Eingangsironie auch keinen Sinn. Krumme Menschen, kriegslüsterne Fürsten, schwärmende Philosophen würden einer solchen Moral wankelmütig, zynisch oder im Wolkenkuckucksheim begegnen. Entsprechend nimmt Kant von einer Moralisierung der internationalen Politik Abstand. Wie kommt dann der Schritt zum Frieden in Gang?

Hier greift die geschichtsphilosophische Argumentation. Sie lautet auf den Hintersinn kriegerischen Leides. Ihr Kerngedanke: Indem die Menschen immer wieder dem Krieg ausgesetzt sind, lernen sie unfreiwillig, dass er überwunden werden müsse. Und auf der Grundlage solchen Lernens können sie dazu fähig werden, den Krieg dann auch freiwillig tatsächlich zu überwinden. Das bildet die Fluchtlinie geschichtlicher Erfahrung. Von ihr her gesehen lässt sich die Menschengeschichte als ein Gesamtzusammenhang auf dem Weg zum Frieden lesen. Ein solcher Friede als Ziel der Geschichte kann nicht nur vorläufig sein. Als Interpretationsgrund der Geschichte ist er ja selber nichts Geschichtliches, Vergängliches. Entsprechend bildet er den Abschluss, zu dem die Menschengeschichte sich hinbewegt, sofern man ihre Prozesse und Ereignisse als die Faktoren eines Ausganges aus dem Naturzustand begreift. Deshalb heißt Kants Schrift erstens »zum« und zweitens »ewigen« Frieden.

Ersichtlich kann dieser Abschlussgedanke keine Tatsachenerkenntnis sein.

Vielmehr nimmt er den Fixpunkt, den das rechtliche Konzept eines zwischenstaatlichen Miteinanders vorzeichnet, zum Gesichtspunkt, unter dem das tatsächliche Geschehen sich deuten lässt. Eine solche Deutung ist kein Wunschdenken: Sie entspringt ja einem Rechtsanspruch. Aber sie ist auch keine Feststellung: Sie lässt sich ja aus den Zusammenhängen des Bestehenden nicht herleiten. Deshalb mündet der Verzicht auf die Moralisierung der Politik keineswegs in den Kult politischer Faktizität mit ihrem »Erkenne die Lage!« Stattdessen hört er auf den Ruf nach einem Rechtsverhältnis zwischen Staaten, das deren interessegeleiteten Kriegszustand befriedet, nimmt ihn ernst und versetzt von hierher auch die kriegerische Gewalt in eine andere Tonart. In ihr lässt sich der Friede statt als Waffenstillstand als Vollendungsfigur des menschlichen Miteinanders hören.

Diese andere Tonart wird auch von der religionsphilosophischen Argumentation angestimmt. In der Friedensschrift ist von der »Bösartigkeit der menschlichen Natur« die Rede; sie verweist auf das oben zitierte Wort vom »krummen Holz« des Menschen aus Kants Religionsschrift. Inhaltlich verbunden ist beides mit Luthers Konzept des in sich gekrümmten Menschen *(homo in se incurvatus)*. In sich gekrümmt – das meint: weg von Gott, hin zur menschlichen Selbsterhaltung. Nun liegt die Selbsterhaltung auch am Grunde von Hobbes' Gesellschaftsvertragslehre. Ihr zufolge führt das Streben nach Selbsterhaltung in den Krieg aller gegen alle; es birgt also seine eigene Zerstörung; erst der Schritt über die Selbsterhaltung der Einzelnen hinaus vermag einen Rechtsfrieden einzurichten, der ihre Selbstzerstörung verhindert. An diesem rechtsphilosophischen Grundgedanken hält Kant fest.[11] Mit dem Bild des *homo incurvatus* lässt er sich jedoch religionsphilosophisch einfärben. Dann ergibt sich: Als krumme Hölzer bleiben die Menschen stets in sich gekrümmt, so sehr sie auch Zustände des Rechtsfriedens stiften mögen. Und das heißt: Ihr Streben nach Selbsterhaltung wird ihr Miteinander immer wieder zerstören. Aller Rechtsfrieden – gerade auch der zwischenstaatliche – bleibt vorläufig.

Hieraus folgt aber keine Resignation. Vielmehr verbindet es sich schlüssig mit Kants Geschichtsphilosophie. Wir sahen: Das Konzept »ewiger Friede« ist ein Abschlussgedanke, der nicht zu den historischen Tatsachen gehört, aber sie in die geschichtliche Perspektive setzt, die das rechtsphilosophische Argument verlangt. Religionsphilosophisch entpuppt sich dieser Abschlussgedanke nun ebenfalls als ein Gedanke, der mit den Tatsachen nicht verwechselt werden darf – und sie zugleich in das angemessene Licht setzt. Dieses Licht besteht in der Erhellung der menschlichen Faktizität als mangelhaft. »Mangelhaft« bedeutet: Hier ist etwas noch nicht erfüllt. Entsprechend mauert sich das Mangelhafte nicht ein. Vielmehr richtet es sich auf das Noch-Nicht seiner Erfüllung aus. Genau das beinhaltet die Rede vom krummen Holz, aus dem nichts Gerades wird. Es steht im Bezug auf seine Erfüllung, die allerdings nicht in seiner Macht steht, sondern in Gottes Macht. Im Blick auf das kriegerische Streben nach Selbsterhaltung ergibt sich hieraus: In seinem Mangel bleibt es auf das Noch-Nicht eines

11 Grundsätzlich dazu Immanuel Kant, *Metaphysik der Sitten*, § 44.

menschlichen Miteinanders bezogen, in dem der in sich gekrümmte Mensch aufgerichtet wäre, ohne diese Aufrichtung aus sich heraus vollziehen zu können. »Ewiger Friede« ist der Name dieses Miteinanders.

Das religionsphilosophische Konzept klingt nach Schwärmerei. Und sie berührt seltsam. Hatten nicht Kants ironische Eingangsworte die schwärmenden Philosophen ihren ewigen Frieden auf dem Kirchhof finden lassen, neben den kriegsführenden Fürsten und den krummen Menschen? Aber es handelt sich nicht um Schwärmerei. Schließlich lässt sich das Noch-Nicht jenes neuen Miteinanders aus dem Mangelhaften des Prinzips Selbsterhaltung ableiten. Und das Prinzip Selbsterhaltung ist kein Hirngespinst, sondern liegt – gemäß rechtsphilosophischer Einsicht – dem zwischenstaatlichen Naturzustand zugrunde, dessen Krieg nach einem zwischenstaatlichen Rechtszustand verlangt. Entsprechend darf man jenes Noch-Nicht mit Recht ins Auge fassen. Andernorts schreibt Kant lakonisch: »Man sieht: die Philosophie könne auch ihren Chiliasmus haben; aber einen solchen, [...] der [...] nichts weniger als schwärmerisch ist.«[12] Sein Satz bezieht sich auf den Zustand einer Staatsverfassung, in der die Menschheit ihre Anlagen völlig entwickeln kann. Der ewige Friede wäre ein solcher Zustand. Entsprechend gehört auch sein Konzept in den Bereich jenes nichtschwärmerischen Chiliasmus.

Auf diese Weise formuliert Kants Denken die Hoffnung auf einen Frieden aus, der mehr wäre als ein Waffenstillstand, den die Menschen für eine gewisse Zeit schließen. Unter dieser Hoffnung werden die Menschen nie aufgeben, sich aus ihrer Selbsterhaltungsverkrümmung herauszuarbeiten. Ob ihre Arbeit je erfüllt sein wird, ist hierbei nachrangig. Denn sie ist rechtsphilosophisch gefordert, geschichtsphilosophisch sinnvoll und zuletzt religionsphilosophisch aufgehoben: *Lasciate ogni speranza* ist die Überschrift nicht von Gottes Welt, sondern der Hölle.

IV

Das also wäre der Gehalt des Kantischen Friedensdenkens in seinen Grundzügen. Wir sehen jetzt, was Friedensstiftung nach Kant bedeutet. Mit einer Kriegsführung um des Friedens willen hat sie nichts zu tun. Vielmehr verlangt sie, unter der Perspektive eines Zustands zu arbeiten, in dem das Prinzip Selbsterhaltung außer Kraft gesetzt ist. Diese Forderung müssen wir im vollen Sinne nehmen. Wahrhaft gestiftet wird der Friede erst dann, wenn kein selbstisches Ziel mehr verfolgt wird. Zu den selbstischen Zielen gehören auch: die eigenen Werte, die eigene Lebensform, das eigene Rechtsverständnis durchzusetzen. Und zu ihrer Überwindung gehört auch: die Einsicht in die eigene menschliche Verkrümmung. Eine solche Friedensstiftung kann man als verstiegen ansehen. Aber wenn man sie als verstiegen ansieht, dann darf man sich nicht auf Kants Konzept berufen. Zum ewigen Frieden bewegt man sich jedenfalls nicht hin. Eher geht es um einen Siegfrieden unter den eigenen Vorzeichen.

Wie und warum aber lässt sich Kants Konzept so verdrehen, dass es – wie in der Feierstunde an seinem Geburtstag –

12 Immanuel Kant, *Idee zu einer allgemeinen Geschichte in weltbürgerlicher Absicht*. In: Ders., *Akademie-Ausgabe*, Bd. VIII. Berlin 1923.

zu der Legitimation des eigenen Krieges wird? Hinweise auf die Gründe gibt uns ein Sprung zurück in die Jahrtausendwende. Pünktlich zum zweiten Millennium erschien ein politischer Bestseller: *Empire*, aus der Feder von Antonio Negri und Michael Hardt. Das Buch beflügelte einige Jahre lang die globale Protestbewegung. Mit ihm begeben wir uns aus dem Aufklärungszeitalter der Kant, Rousseau, Abbé de Saint-Pierre in die hitzige Luft aus italienischem Postoperaismo und nordamerikanischen Cultural Studies. Vom Nachklang des Operaismo stammte die Perspektive auf militante Praxis. Sie richtete alle Theorie auf den Kampf gegen Herrschaft aus. (Operaistinnen sprachen hier lieber von revolutionärer Praxis, aber tatsächlich handelte es sich um Militanz.) Von den Cultural Studies stammte ein Lebensformpoststrukturalismus. Er stellte die Welt als eine Welt von Subjektivitäten dar, die inmitten von Machtverhältnissen ihre Bilder, Wünsche, Begierden gestalten. (Hier spricht man gerne von Identitätspolitik, aber tatsächlich handelt es sich um eine Ästhetik der Existenz.) Manches davon west heute weiter.

Für unsere Frage wichtig ist aber statt der politischen Perspektive die politische Diagnose. *Empire* bot ein weltgeschichtliches Konzept dar. Es lautete auf eine neue Herrschaftsform, das Empire (im Singular), die seit dem Ende der sozialistischen Staaten weltweit gegriffen habe. Sie gehe – so die These – mit dem Gedanken eines ewigen Friedens einher.[13] Hardt und Negri beobachteten: Globalisierung bedeutet politisch etwas grundlegend anderes als die älteren Systeme internationaler Beziehungen. Sie errichtet ein einheitliches Machtfeld ohne räumliches oder zeitliches Außerhalb. Entsprechend kennt dieses Machtfeld weder eine eigentliche Außenpolitik noch ein geschichtliches Jenseits. Anders gesagt: Es verspricht Ordnung und ewigen Frieden.

Ersichtlich erhält der ewige Friede hier ein sehr anderes Gesicht als in Kants Schrift. Er gerät zum Zeichen des globalen Machtfelds. Etwas Ähnliches hatte – unter anderen Vorzeichen – zehn Jahre vor *Empire* bereits ein weiterer politischer Bestseller behauptet: Francis Fukuyamas *The End of History and the Last Man*. Er vertrat die These, dass mit dem Ende des Systemkonflikts die Kriege zwischen den großen, ideologischen Mächten insgesamt ihr Ende gefunden hätten. An ihre Stelle seien Konflikte getreten, die innerhalb des weltweiten Liberalismus stattfänden und nach Art von Polizeiaktionen befriedet würden.[14] Auch dort herrscht also – prinzipiell – der ewige Friede eines globalen Kapitalismus ohne Außerhalb. Er verwandelt alle Konflikte in ordnungspolitische Angelegenheiten. Mit ihm hat die Weltgeschichte ihr Ende gefunden. So Fukuyamas These.

Negri und Hardt freilich sahen die Weltgeschichte weitergehen. Denn ihr Empire besitzt eine befreiende Kehrseite: die Multitude.[15] Hierunter verstanden

13 Michael Hardt / Antonio Negri, *Empire*. Cambridge / Mass.: Harvard University Press 2000.

14 Francis Fukuyama, *The End of History and the Last Man*. New York: Free Press 1992. Der Kerngedanke wurde bereits drei Jahre zuvor veröffentlicht in: *The National Interest*, Nr. 16, Sommer 1989.

15 Michael Hardt / Antonio Negri, *Multitude. War and Democracy in the Age of Empire*

sie die Menge schöpferischer Subjektivitäten, die es gelernt haben, das weltweite Meer zu besegeln, sich zu vernetzen und sich im Gegenzug zur Herrschaft des Empire zu entfalten. Das Konzept bleibt vage, aber sein Kern ist klar. Er lautet auf eine Ästhetik militanter Mengenexistenz von globaler Reichweite. Man darf hier an die globalisierungskritischen Bewegungen denken: von Seattle über Genua bis Melbourne. Entsprechend gibt es einen Veränderungsfaktor, den die Globalisierung selber erzeugt. Er soll den ewigen Frieden des Empire samt seinen Polizeiaktionen aus den Angeln heben: um gegen die globale Ordnung die Freude eines gestaltungsmächtigen Seins ins Spiel zu bringen. Schlusssatz des Buches: »This is the irrepressible lightness und joy of being communist.«

Ein Kritiker nannte das »die Krisenwelt als Disneyland der ›Multitude‹«.[16] Sein Wort ist nicht ganz falsch. In der Tat läuft das Wunschbild einer schöpferischen Gegenmacht, die in globaler Vernetzung das Empire von innen umstürzt, auf politischen Kitsch hinaus. Aber in unserem Zusammenhang ist die Beschwörung der Gegenmacht gleichgültig. Aufschlussreich ist die Beschreibung der Herrschaftsmacht. Sie zeigt jene Verschiebung im Konzept »ewiger Friede« an. Es entpuppt sich jetzt als ein Zentralkonzept der globalen Herrschaft der liberalen Welt, die sich nach der Niederlage der sozialistischen Staaten eingerichtet hat. Das formulierte Fukuyama affirmativ, und Hardt und Negri umschrieben es kritisch.

Genau diese Verschiebung ist es aber, die sachlich die Umbesetzung der Kantischen Idee ermöglicht. Nur wenn man davon ausgeht, dass die Stiftung eines ewigen Friedens mit der globalen Herrschaft der liberalen Welt zu tun habe, kann man die Kriege dieser Welt gegen ihre als illiberal gekennzeichneten Feinde mit jener Idee verknüpfen. Eben das hat der Bundeskanzler in seiner Geburtstagsansprache getan. Gewiss hat er jene Umbesetzung nicht selber vorgenommen. Vielmehr arbeitete er – unwissentlich und umso ungebrochener – mit dem bereits umbesetzten Begriff. Ihm zufolge ist der ewige Friede der noch zu stiftende ewige Friede eines weltweiten Liberalismus. Auf nichts anderes läuft jene Festrede hinaus. Sie ist keine idiosynkratische Rede des Olaf Scholz, sondern Abbild einer anderen Sachlage. Die militärische Bestimmtheit jener Stiftung gehört zu dieser Lage. Sie verlangt den Krieg als Fortsetzung der globalen Friedensordnung mit anderen Mitteln.

Reden wir Klartext. Fukuyamas Liberalismus und Hardt/Negris Empire sind Masken des weltweiten Kapitalismus. Ein dritter Bestseller hat das nicht im Inhalt, aber im Titel ausgesprochen: Es handelt sich bei all dem um den »Weltinnenraum des Kapitals«.[17] Indessen ist der Weltinnenraum des Kapitals kein Monolith.

(New York: Penguin 2004) führte diese Seite weiter aus, besitzt aber nicht mehr den Zug des ersten Buches. Vollends verpuffte das Unternehmen dann im dritten gemeinsamen Buch: *Commonwealth* (Cambridge/Mass.: Harvard University Press 2009).

16 Robert Kurz, *Weltordnungskrieg. Das Ende der Souveränität und die Wandlungen des Imperialismus im Zeitalter der Globalisierung*. Erw. Wiederauflage. Springe: zu Klampen 2021.

17 Peter Sloterdijk, *Im Weltinnenraum des Kapitals. Für eine philosophische Theorie der Globalisierung*. Berlin: Suhrkamp 2005.

Vielmehr besteht er aus einem Geflecht aus Rackets, Staaten, Großräumen, die keineswegs auf einer Linie sind. Und geprägt wird er von einem in sich widerstreitenden globalen Block an der Macht, der nicht ausschließlich, aber auch nicht zuletzt die Reproduktionsbedingungen des Kapitals zu regeln hat. In diesem Weltinnenraum des Kapitals gerät das Konzept »ewiger Friede« zu einem Zentralkonzept von Herrschaft. Es besagt jetzt: Jener Weltinnenraum sichert Ordnung und Frieden, die durch polizeiliche Aktionen gegen Barbaren, Rackets, Schurkenstaaten durchzusetzen sind. Und es besagt weiter: Dieser Frieden des Kapitals ist prinzipiell nicht mehr infrage zu stellen. Darum ist er ewig. Zwar kann er gestört werden. Aber diese Störungen sind Störungen innerhalb einer unhintergehbaren Friedensordnung.

Aus diesem Grund sind die Kriege, die der in sich instabile Block an der Macht gegen die zentrifugalen Kräfte des Weltinnenraums führt, Kriege zur Stiftung eines ewigen Friedens, die unablässig vollzogen werden muss. Nichts anderes steht hinter der Rede des Kanzlers. Sie beruft sich auf Kant, weil sie nicht versteht, dass das Konzept »ewiger Friede« inzwischen umbesetzt wurde. Sie meint, vom weltbürgerlichen Zustand zu sprechen, und spricht in Wahrheit vom Zustand des globalen Kapitalismus. Deshalb errötet sie nicht, wenn sie Kants Konzept zur Legitimation militaristischer Politik heranzieht. Für sie ist der ewige Friede die Ideologie eines Krieges zur Ordnung der Welt.

Gegen solche Verschiebung aber steht der Kern der Kantischen Idee. Er funktioniert nicht im Weltordnungskrieg. Vielmehr verweist er auf den Überstieg über alle Kriege – und also auf den Überstieg über das ihnen zugrundeliegende Prinzip der Selbsterhaltung. Darum wird Kants Konzept zur Spur etwas Anderen. Sie führt zu einer Hoffnung, in deren Licht die Karten neu gemischt werden. »Ewiger Friede« ist der Name dieser Hoffnung. Auch wenn das außenpolitische System, in dessen Rahmen Kant dachte, längst vergangen ist, bleibt diese Spur. Sie straft die Ideologie des Weltordnungskrieges Lügen.

Die Rechte der Sklaven

Dylan C. Penningroth wirft ein neues Licht auf die Zeit vor der Bürgerrechtsbewegung

Von Eric Foner

Auf ihrem Höhepunkt in den 1960er Jahren hat die Bürgerrechtsbewegung zu heftigen Verwerfungen in der amerikanischen Gesellschaft geführt. Im Lauf der Zeit wurde sie dann in eine Erfolgsgeschichte des Fortschritts integriert, die davon berichtet, wie ein auf weißer Vorherrschaft bestehendes System durch eines ersetzt wurde, das gewiss nicht perfekt ist, aber doch entschieden näher am Ideal der Gleichheit vor dem Gesetz. Teilnehmer an dem, was manche »Freiheitskampf« nannten, waren nicht zuletzt mutige Aktivistinnen und Aktivisten, die im Jim-Crow-Süden ihr Leben aufs Spiel setzten, und eine Reihe von Bürgerrechtsanwälten. Beispielhaft ließen sich Charles

Hamilton Houston und Thurgood Marshall vom NAACP (National Association for the Advancement of Colored People) nennen, die in einer Folge von bahnbrechenden Fällen die Bundesgerichte davon überzeugten, dass das um 1900 instituierte Rechtssystem der Südstaaten die von der Verfassung versprochenen Rechte Schwarzer Amerikanerinnen und Amerikaner verletzte.

Vor diesem Triumph des Rechts hatten die Schwarzen im Süden, jedenfalls der von Dylan Penningroth so genannten »großen Erzählung der Bürgerrechte« zufolge, wenig Vertrauen in das Rechtssystem und unternahmen alles, gar nicht erst damit in Kontakt zu geraten. Das klingt intuitiv sehr einleuchtend. Warum sollten Afroamerikaner glauben, dass sie vor Gerichten, die doch im Dienst der Aufrechterhaltung der weißen Vorherrschaft standen, gerechte Urteile bekommen könnten? Da schien es sich zu empfehlen, diese Gerichte, wenn es irgend ging, zu vermeiden.

Penningroth, der Geschichte und Recht an der Universität Berkeley lehrt, ist der Ansicht, dass die aktuelle Forschung zum Entstehen der Bürgerrechtsbewegung auf einer ganzen Reihe von Missverständnissen in Bezug auf das »rechtliche Leben« Schwarzer Amerikaner beruht.[1] Mit denen will er aufräumen. Selbst in den Zeiten der Sklaverei, insistiert er, wussten Schwarze mehr über Rechtsprinzipien, als man sich heute vorstellen will. Aus Erfahrung und Beobachtung destillierten sie etwas, das Penningroth »Ziegenverstand« nennt (er folgt damit einer Prägung des Schwarzen Pachtbauern Ned Cobb, des Protagonisten von Theodore Rosengartens Bestseller-Roman *All God's Dangers* aus dem Jahr 1974) – ein praktisches Wissen über die Regeln und Konzepte des Rechts.

Weit davon entfernt, die Gerichte zu meiden, nutzten sie alle rechtlichen Mittel, die ihnen zur Verfügung standen. Vom späten 19. Jahrhundert bis in die Ära der Bürgerrechtsbewegung, schreibt Penningroth, »brachten Schwarze ihre Familiengeschichten« vor Gericht »zu Gehör« und zeigten dabei ein »wachsames Vertrauen«, dass die Gerichte ihre Ansprüche auf das, was er die profanen »Rechte des alltäglichen Gebrauchs« nennt, bestätigen würden. Gemeint sind damit jene Rechte, die sich aus dem Eigentum, aus dem Unterschreiben von Verträgen, den »Verbandsprivilegien« der Zugehörigkeit zu Schwarzen Kirchengemeinden und Rechtsansprüchen wie einer durch Ehe erworbenen Erbschaft ergaben. Schwarze US-Amerikaner erscheinen in dieser Geschichte weniger als heroische Freiheitskämpfer, die sich mutig der Unterdrückung erwehren, oder als Opfer, die die Gerichte ängstlich meiden, sondern als normale Leute, die sich des Rechts bedienen, um das Beste aus ihren schwierigen Umständen zu machen.

Penningroths Schlussfolgerungen beruhen auf einer enorm umfangreichen Forschung. Er und seine Studierenden haben rund 14 000 Fälle untersucht, dabei 1500 mit Schwarzen Prozessbeteiligten, vorwiegend, aber nicht ausschließlich im Süden. Es handelt sich dabei um zivilrechtliche Fälle, Angelegenheiten des privaten Rechts – die entsprechenden Akten lagen lange unbeachtet in den Archiven der örtlichen Gerichte. Wie es in letzter Zeit in

1 Dylan C. Penningroth, *Before the Movement. The Hidden History of Black Civil Rights*. New York: Liveright Publishing 2023.

Büchern von Historikern nicht unüblich ist, nimmt Penningroth auch seine eigene Familiengeschichte als Ausgangspunkt und zum Vergleich mit in den Blick – sie reicht von der Zeit der Sklaverei bis in die Great Migration im 20. Jahrhundert.

Before the Movement eröffnet mit einem bezeichnenden Zwischenfall, an dem Penningroths versklavter Vorfahre Jackson Holcomb beteiligt war. Er besaß ein kleines Boot in Virginia. In den letzten Tagen des Bürgerkriegs forderte er mit Erfolg eine angemessene Bezahlung für den Transport konföderierter Soldaten, die er auf ihrer Flucht vor der Unionsarmee über den Appomattox River übersetzte. Rechtlich gesehen gehörten das Boot und alles andere, das Holcomb als seinen Besitz beanspruchte, seinem Sklavenhalter. Die verzweifelten Konföderierten jedoch stellten weder seine Besitzrechte am Boot noch sein Recht, einen Obolus für den Transport über den Fluss zu verlangen, infrage. Was immer der Buchstabe des Gesetzes sagte, es war im Sklavenhalter-Süden allgemein akzeptiert, dass auch Sklaven eigenen Besitz erwerben konnten.

Besondere Aufmerksamkeit widmet Penningroth der weitverbreiteten Praxis, die es Sklaven erlaubte, kleine Gartengrundstücke selbst zu bearbeiten und die Ernte dann auf lokalen Märkten zu verkaufen. Er stellt dabei durchaus fest, dass das Kultivieren von »Gartengrundstücken« in ihrer »Freizeit« eine »Extraausbeutung« der Sklaven bedeutete – die Besitzer verlagerten die Verantwortung für die Ernährung der Sklavenarbeiter und ihrer Familien auf diese selbst. Nichtsdestotrotz betrachtet Penningroth solche Grundstücke als die Basis einer »informellen Ökonomie«, die es zahlreichen Sklaven erlaubte, ein Einkommen zu erzielen, mit dem sie nach dem Bürgerkrieg den Erwerb von Land finanzieren konnten.

Im Lauf der Zeit wurden aus Privilegien, die die Sklaven erhielten, Gebräuche und aus den Gebräuchen dann Rechte. Solange die Sklaverei existierte, waren Eigentumsrechte der Sklaven vor Gericht nicht einklagbar. Das änderte sich im Jahr 1871, in der Reconstruction-Ära der Wiedereingliederung der Konföderierten Staaten. In deren Zuge rief der Kongress die Southern Claims Commission ins Leben, deren Aufgabe darin lag, vormalige Unionisten im Süden, darunter auch Sklaven, für Eigentum, das die Armee im Krieg konfisziert hatte, zu entschädigen.

Ähnliches hatte sich ein paar Jahre früher im Hinblick auf Schwarze Familien ergeben. Ehen unter Sklaven hatten vor Gericht keinen Bestand, aber versklavte Männer und Frauen heirateten trotzdem, und lokale Gemeinden, weiße wie Schwarze, akzeptierten ihre Verbindung, auch wenn eine Trennung durch Verkauf möglich blieb. Penningroth geht nicht weiter darauf ein, aber im März 1865 unterzeichnete Abraham Lincoln ein Gesetz, das den engsten Familienmitgliedern von Schwarzen Soldaten der Unionsarmee die Freiheit versprach. Nun waren die Verbindungen der ehemaligen Sklaven vor der Bundesregierung plötzlich legal. Was Jackson Holcomb anging: In den Jahren nach seiner Begegnung mit den fliehenden Konföderierten heiratete er, kaufte Land und zahlte Grundsteuer. Er wusste die Bedeutung rechtlicher Regelungen zu schätzen.

Um Ordnung in das riesige Archiv zu bringen, das seine Studierenden und er geschaffen haben, hat Penningroth seine

Geschichte in vier Abschnitte gegliedert: Sklaverei, Reconstruction, Jim Crow und »die Bewegungs-Ära«. In jedem zeichnet er nach, wie Schwarze Bürger das Gesetz für sich nutzten und wie ihre Bemühungen dazu beitrugen, das Konzept der Bürgerrechte selbst weiterzuentwickeln. Viele Leserinnen und Leser werden über das erste Kapitel, »Die Privilegien der Sklaverei«, staunen. Penningroth räumt den Widersinn einer solchen Vorstellung freimütig ein. Er kann aber zeigen, dass Sklaven im Süden durchweg in der Lage waren, ihren Besitzern Konzessionen abzuringen und Gewohnheitsrechte zu schaffen, die sich nach und nach in von der *Opinio communis* anerkannte Rechte entwickelten.

»Sklaven besaßen Eigentum, und zwar in jedem rechtlichen Sinn dieses Worts«, schreibt er, »nur dass kein Gericht dieses Eigentum als Recht schützte.« Man mag das für eine recht beachtliche Einschränkung halten, aber Penningroth kann zeigen, wie ihre Erfahrungen mit Grundbesitz und Handel Sklaven dazu ermächtigten, zu »Schlüsselfiguren« in der »Marktwirtschaft« der Südstaaten zu werden. Auf diese Weise waren sie auf die Teilnahme an einem freien Arbeitsmarkt gut vorbereitet. Emanzipation war »ein viel weniger drastischer Bruch« im Leben der Versklavten, als Historikerinnen und Historiker angenommen haben. (Penningroth hat eine Neigung zu solchen Ex-cathedra-Urteilen. Nicht immer sind die Belege hinreichend, und manchmal bleibt unklar, gegen welche Historiker genau er sich dabei richtet.)

Penningroths Diskussion von Eigentumsrechten der Versklavten erinnert an die Arbeit des wohl führenden Sklaverei-Forschers nach dem Zweiten Weltkrieg, Eugene D. Genovese. Die aktuellen Forschungstrends haben seinen postumen Ruf ein wenig verblassen lassen. Heute werden die physische Brutalität der Institution und ihre zentrale Rolle bei der Expansion des modernen Kapitalismus betont. Genoveses Porträt der Sklaverei in den Südstaaten als paternalistischer, präkapitalistischer Institution, deren Funktionieren auf gegenseitigen Konzessionen zwischen Besitzern und Sklaven beruhte, gilt darum vielfach als überholt.

Genovese interessierte sich dafür, wie die herrschenden Klassen Legitimität erlangen und Autorität ausüben. Im vorderen Teil seiner klassischen Studie *Roll, Jordan, Roll* (1974) findet sich ein kurzer Abschnitt mit dem Titel »The Hegemonic Function of the Law«. Darin beschreibt er, dass es den Interessen der Mächtigen in repressiven Regimen gelegen kommen kann, wenn das Rechtssystem mit einem Mindestmaß an Fairness operiert, auch wenn das bedeutet, dass sie selbst nicht in jedem Fall vor den Gerichten obsiegen. Der Glaube daran, dass Gerichte in jedem Fall Gerechtigkeit walten lassen, kann die Existenz enormer Macht-Ungleichgewichte verschleiern. Wie Penningroth schrieb auch Genovese über Gewohnheitsrechte von Sklaven.

Im späten 19. Jahrhundert konnten Schwarze Männer, dank der Gesetze und Verfassungszusätze, die während der Reconstruction in Kraft traten, erstmals als Friedensrichter agieren oder andere Posten an Gerichten einnehmen, vorwiegend im Süden. Das ist ein Teil der Erklärung dafür, dass immer mehr Schwarze in den Südstaaten sich ermutigt fühlten, vor Gericht zu ziehen. Auch nach dem Erlass der Jim-Crow-Gesetze setzte sich das noch eine ganze Weile so fort. Penningroth war verblüfft zu sehen, dass nur sehr wenige der Tausenden von Fällen, die er untersuchte, die *race*-Zugehörigkeit der Betroffenen überhaupt nur erwähnen. Wo es um Eigentumsrechte ging, stellt er fest, machte es keinen Unterschied, ob die Parteien Schwarz oder weiß waren – *race* »hatte keine rechtliche Bedeutung«.

Trotz der umfassenden Vorherrschaft der Weißen gingen deren Interessen durchaus auseinander. In ländlichen Regionen des Südens etwa leisteten weiße Farmer teils heftigen Widerstand gegen die Präsenz Schwarzer Landbesitzer in ihrer Nachbarschaft. Andere dagegen schätzten deren Verfügbarkeit als Zeitarbeitskräfte zur Erntezeit. Dank Zensus-Unterlagen und anderer digitalisierter Quellen konnte Penningroth die *race*-Zugehörigkeit vieler Personen vor den Gerichten identifizieren, aber die Akten belegen, dass selbst in den Tagen von Jim Crow das Recht nicht immer entlang der Linien von *race* operierte.

In den Abschnitten zur Reconstruction und zur Jim-Crow-Ära betont Penningroth, dass die zentrale Rolle, die der Schwarzen Familie in der eigenen Community nach dem Bürgerkrieg zukam, Afroamerikaner dazu zwang, sich mit den Nuancen des Familienrechts vertraut zu machen. Schwarze führten »reihenweise Prozesse« zu Scheidungen, dem Verkauf von Grund und Boden, der finanziellen Unterstützung von Seniorinnen und Senioren, Sorgerechten und anderen Familienangelegenheiten. Diese intrafamiliären Konflikte, so Penningroth, stellen die romantische Sicht der Schwarzen Familie als harmonischer Institution, die von einem Ethos der Gemeinschaft geprägt war, entschieden infrage – eine Sicht, die seiner Ansicht nach zu viele Historiker verbreitet haben.

Er weist auch darauf hin, dass es ausweislich einschlägiger Prozesse in den Kirchen der Schwarzen oft Auseinandersetzungen gab. Penningroth berichtet von Geschehnissen in der Mount Helm Baptist Church in Mississippi, in der im Jahr 1899 heftiger Streit ausbrach, als eine Gruppe von Gemeindemitgliedern dem Priester das Predigen gerichtlich zu untersagen versuchte, weil er im Altarraum Wunderheilerdienste angeboten hatte. Das oberste Gericht des Bundesstaats gab ihnen Recht. Es kam auch sonst durchaus vor, dass Schwarze in das Urteil des örtlichen Gerichts mehr Vertrauen setzten als in die Entscheidungen anderer Familien und Kirchenmitglieder.

In ihren 1898 veröffentlichten Memoiren erinnerte Elizabeth Cady Stanton daran, dass zur Reconstruction auch ein neues Nachdenken über die Prinzipien des Regierens und die Naturrechte des Menschen gehörte. Im Kongress und in den Parlamenten der Bundesstaaten, auf den Kanzeln und in öffentlichen Journalen, ja, in den Kaminzimmern des Landes wurde über diese so wichtigen Fragen diskutiert. Penningroth untersucht, wie die von Stanton beschriebene Debatte das amerikanische Verständnis der Bürgerrechte modifizierte. Vor dem Krieg waren Rechte in drei Kategorien unterteilt worden: bürgerlich, politisch und sozial. Wer jeweils in ihren Genuss kam, variierte zwischen den Staaten. Unter die Bürgerrechte waren jene Ansprüche gefasst, die für die Teilnahme an einem Arbeitsmarkt der Freien Voraussetzung waren: Verträge unterzeichnen, vor Gericht aussagen, Eigentum besitzen, kaufen und verkaufen sowie klagen und verklagt werden. Selbst im Süden genossen viele freie Schwarze die Bürgerrechte, nicht aber die politischen und sozialen. Sie konnten zwar Eigentum besitzen und vor Gericht aussagen (wenn auch oft nur in Fällen, die andere Schwarze betrafen), aber das Wahlrecht und »soziale« Rechte wie der gleichberechtigte Zugang zu öffentlichen Verkehrsmitteln, Hotels, Restaurants und Vergnügungsstätten waren im ganzen Land ausschließlich Weißen vorbehalten.

1866 verabschiedete der Kongress mit dem Civil Rights Act gegen das Veto von Präsident Andrew Johnson das erste nationale Bürgerrechtsgesetz. Es erklärte alle in den USA geborenen Personen qua Geburtsrecht zu amerikanischen Staatsbürgern. Nur für die amerikanischen Ureinwohner galt die Regelung nicht, da man davon ausging, dass sie der Hoheitsgewalt ihrer jeweiligen Stammesverbände unterstünden. Die Maßnahme löste die seit dem Dred-Scott-Urteil von 1857 gesetzlich festgeschriebene Verbindung zwischen Staatsbürgerschaft und *race* auf. (Damals hatte der Oberste Gerichtshof unter dem Vorsitz von Roger B. Taney die Staatsbürgerschaft explizit auf weiße Amerikaner beschränkt.) Zugleich legte das Gesetz zum ersten Mal die Rechte fest, die die ehemaligen Sklaven zusammen mit den weißen Bürgern genießen sollten. Es handelte sich dabei im Wesentlichen um Bürgerrechte (Vertragsrechte), nicht aber um politische oder soziale Rechte.

Mit dem Fortschreiten der Reconstruction forderten Afroamerikaner und ihre weißen Verbündeten die volle rechtliche Gleichstellung der ehemaligen Sklaven. Sie stützten sich dabei im Wesentlichen auf dieselben Argumente wie schon die Antisklavereibewegung der Vorkriegszeit. Zugleich verschmolzen verschiedene Arten von Rechten miteinander. So waren beispielsweise viele Republikaner der Auffassung, dass das Wahlrecht in einer erweiterten Definition der Bürgerrechte eingeschlossen sein sollte. Mit dem fünfzehnten Zusatzartikel von 1870 wurde diese Regelung für Schwarze Männer in der Verfassung verankert (das Wahlrecht für Frauen wurde auf Bundesebene erst 1920 mit dem neunzehnten Zusatzartikel eingeführt). 1875, kurz vor dem Ende der Reconstruction, erließ der Kongress schließlich das zweite Bürgerrechtsgesetz, das es unter Strafe stellte, einem Bürger den Zugang zu Verkehrsmitteln, öffentlichen Einrichtungen und einer Reihe anderer Lokalitäten zu verweigern. Der Geltungsbereich der »bürgerlichen« Rechte dehnte sich damit auf Bereiche aus, bei denen ehedem Konsens darüber bestanden hatte, dass man es hier mit eigenständigen politischen und sozialen Vorrechten zu tun habe.

1883 erklärte der Oberste Gerichtshof das Gesetz von 1875 für verfassungswidrig. Er vertrat die Auffassung, dass das Prinzip der Gleichheit vor dem Gesetz unabhängig von *race*, das der vierzehnte Verfassungszusatz garantierte, nur für »staatliche Maßnahmen« gelte, das heißt für Rassendiskriminierung durch Beamte und nicht durch private Unternehmen. Penningroth weist jedoch darauf hin, dass die Aushandlungsprozesse in Bezug auf die Benachteiligung durch Rassenzuschreibung bis weit ins 20. Jahrhundert hinein andauerten. Als der Kongress und der Warren Court die Jim-Crow-Gesetzgebung 1965 endgültig abschafften, verband man mit den Bürgerrechten schon nicht mehr vorrangig die grundlegenden Rechtsansprüche aller freien Menschen, sondern vor allem das Recht auf Schutz vor rassisch begründeter Diskriminierung. Dieser Wandel, so spekuliert Penningroth, machte es schwieriger, weiße Amerikaner davon zu überzeugen, dass der Kampf für Bürgerrechte für ihr eigenes tägliches Leben relevant war.

Trotz des Verlusts zahlreicher Rechte konnten die Schwarzen im Süden während der Jim-Crow-Ära einige bemerkenswerte Erfolge verzeichnen. Bis 1910 war es mehr als einer halben Million Schwarzer Familien gelungen, Land zu erwerben. Penningroth geht davon aus, dass alle Liegenschaften zusammen mehr als 15 Millionen Hektar Fläche ausmachten. Dass sich der Grund häufig im gemeinsamen Besitz von Großfamilien befand, führte im Lauf der Zeit allerdings zu ernsthaften Problemen. Jede Verkaufsentscheidung erforderte die Zustimmung aller Miteigentümer, was massive Familienzwistigkeiten nach sich zog. Starben einzelne Miteigentümer, ohne ein Testament zu hinterlassen, wurde ihr Anteil in kleinen Parzellen unter den überlebenden Kindern und Enkeln aufgeteilt.

Die Bevölkerungsverschiebung der Great Migration hatte zur Folge, dass bei der Veräußerung von Grundbesitz im Süden häufig Verwandte aus dem Norden einbezogen werden mussten, zu denen die Familienmitglieder aus dem Süden wenig oder keinen Kontakt hatten. Land wurde so zum Gegenstand familieninterner Rechtsstreitigkeiten. Kläger behaupteten, um ihren Erbanteil betrogen worden zu sein, ältere Familienmitglieder verklagten Verwandte, sie hätten ihnen versprochene Geldzahlungen nicht geleistet, die ihnen das Überleben im Alter hätten sichern sollen. Mit der Zersplitterung des Landbesitzes hatten Generationen von Schwarzen Farmern keine andere Wahl, als sich mit der rechtlichen Komplexität solcher Transaktionen auseinanderzusetzen.

Während der Jim-Crow-Ära nahm zugleich die Anzahl Schwarzer Institutionen deutlich zu, seien es Kirchen, Hilfsvereine, Bruderschaften, Schulen oder Colleges. Afroamerikaner mussten sich deshalb zunehmend mit den Feinheiten der Gesetze vertraut machen, die die Befugnisse von Körperschaften und Vereinen regeln. Und wie bei familiären und kirchlichen Streitigkeiten nutzten sie das Gelernte, um vor Gericht zu ziehen.

Penningroths Urteile über die Ära der Bürgerrechtsbewegung dürften vielen Lesern unangemessen hart erscheinen. Auch in diesem Zusammenhang betont er die Vitalität Schwarzer Traditionen. Mit den meisten Wissenschaftlern der Gegenwart stimmt er darin überein, dass die Bürgerrechtsbewegung nicht von Anwälten der NAACP und anderen Akteuren von außen in den Süden gebracht wurde, sondern sich auf eine lange Geschichte des lokalen Rechtsaktivismus stützte. Den Bürgerrechtlern des Student Nonviolent Coordinating Committee, die sich mutig in den Süden aufmachten, um die verfassungsmäßigen Rechte Schwarzer Bürger zu sichern, wirft er deshalb vor, die lokale Kultur missverstanden zu haben.

Folgt man dem Autor, gingen die Freiwilligen der Bürgerrechtsbewegung in aller Regel davon aus, die Schwarzen Südstaatler hätten wenig Erfahrung mit juristischen Prozessen und blickten durch einen Schleier »juristischer Unkenntnis« auf das Gerichtssystem. Deshalb bedürfe es der Hilfe von außen, um eine Bewegung zu schaffen, die Veränderungen bewirken kann. Sowohl Schwarze als auch weiße Aktivisten hätten herablassend auf die Menschen geblickt, die sie zu organisieren versuchten; einige seien so weit gegangen, die Armut der Schwarzen im Süden, zumindest zum Teil, auf eine aus der Sklaverei stammende »Plantagenmentalität« zurückzuführen.

Dass er ausgerechnet für diesen Teil seiner Ausführungen so gut wie keine direkten Belege liefert, ist zumindest unglücklich. Ausgesprochen instruktiv sind hingegen Penningroths Anmerkungen zum Status Schwarzer Anwälte. Unter Bezugnahme auf Kenneth Macks einflussreiches Buch *Representing the Race* (2012) stellt er fest, dass vor der Mitte des 20. Jahrhunderts die meisten Schwarzen Anwälte, wie auch die meisten weißen, als Allgemeinanwälte arbeiteten und den Großteil ihrer Zeit damit verbrachten, Klienten mit bescheidenen Mitteln in kleineren lokalen Fällen zu vertreten. Um die Jahrhundertwende reichten Afroamerikaner mindestens 17 Prozent der von ihm untersuchten Zivilklagen ein, wahrscheinlich sogar mehr.

Diese Rechtsstreitigkeiten stellten die weiße Vorherrschaft nicht direkt infrage – schließlich klagten in fast allen Prozessen Schwarze gegen Schwarze. Aber selbst auf dem Höhepunkt von Jim Crow konnten Schwarze Reisende Schadensersatzklagen gegen Eisenbahngesellschaften gewinnen, die sie erniedrigend behandelt hatten, und weiße Richter ordneten an, dass Weiße ihre Schulden bei Schwarzen Gläubigern zu begleichen hätten. Sobald es allerdings um Fälle von grundsätzlicher rechtlicher Bedeutung ging, war es im Süden vorbei mit der Liberalität. Fast alle Anwälte in diesen Tausenden von Fällen scheinen weiß gewesen zu sein. Einer der Gründe, die Penningroth dafür anführt, war, dass prominente weiße Anwälte blütenweiße Anwaltskammern gründeten und damit Rassenschranken für den Zugang zum Beruf errichteten.

Die Fälle, die Schwarze Anwälte bearbeiteten, brachten nur selten Honorare oder Schadensersatzleistungen ein, die ausgereicht hätten, ihnen eine juristische Karriere zu sichern, egal wie die Prozesse im Einzelnen auch ausgingen. Für Bürgerrechtsklagen galt das ganz besonders, doch das änderte sich mit den juristischen Erfolgen der Bewegung. Zum ersten Mal konnten Schwarze Anwälte ihren Lebensunterhalt als Bürgerrechtsanwälte verdienen, indem sie Fälle verhandelten, die sich aus neuen Bundesgesetzen und -verordnungen ergaben, die Rassendiskriminierung verboten.

Diese Entwicklung brachte allerdings auch erheblichen Druck für die Schwarzen Anwälte mit sich, die nun auf einmal mit dem Anspruch konfrontiert waren, die gesamte »Rasse« vertreten zu müssen und nicht nur einzelne Mandanten oder ihre eigenen Interessen. Es kam zu Beschwerden, sie würden sich zu weit von den Schwarzen Gemeinschaften entfernen oder Gebühren verlangen, die für die meisten ihrer Mandanten unerschwinglich seien. Unternehmen und Anwaltskanzleien, bei denen Weiße das Sagen hatten und die in der Lage waren, höhere Gehälter zu zahlen, als es Schwarze Anwälte gewohnt waren, begannen erst in den 1980er Jahren, diese auch in nennenswerter Zahl einzustellen.

Penningroth vertritt die Ansicht, die jüngere Forschung zur Schwarzen Rechtsgeschichte habe sich mit den falschen Fällen befasst, Protagonisten mit landesweiter Ausstrahlung zu viel Aufmerksamkeit geschenkt, den Gemeinden, aus denen die Bewegung hervorging, hingegen zu wenig. Wenn man sich vornehmlich auf die großen Verfassungsurteile des Warren Court konzentriert, kommen in der Tat viele andere Begegnungen von Schwarzen mit dem Rechtssystem nicht in den Blick. Dass in *Before the Movement*, im Gegensatz zu den meisten anderen Werken dieser Art, Urteile des Obersten Gerichtshofs nur selten eine zentrale Rolle einnehmen, ist deshalb nur konsequent.

Penningroth besteht darauf, dass das Standard-Narrativ, die »civil rights history«, wie er es nennt, »Schwarze Menschen von unserem eigenen juristischen Alltagsverstand abgekoppelt hat«, das heißt davon, wie gewöhnliche Menschen über das Gesetz dachten und versuchten, es in ihrem täglichen Leben anzuwenden. Und er zögert nicht, frühere Historiker für seiner Meinung nach irrige Interpretationen zu tadeln. Zur Wahrheit gehört aber auch, dass seine Arbeit auf der von Rechtshistorikerinnen wie Martha S. Jones und Laura F. Edwards aufbaut, die wie er das Terrain der Rechtsgeschichte um die Rolle des Rechts im Alltagsleben erweitert haben. Auch sie haben die Ansicht vertreten, dass das Recht nicht nur von Gesetzgebern und Gerichten geschaffen wird, sondern ebenso von Menschen, die in diesen Gremien zwar nur begrenzt vertreten, aber dennoch in der Lage sind, Rechte für sich selbst auszuhandeln.

Before the Movement beschreibt auf originelle und provokante Weise, wie das Zivilrecht von Schwarzen Bürgern erlebt wurde und wie sich deren rechtliches Leben im Lauf der Zeit veränderte. Angesichts des großen Umfangs der Studie bleiben zwangsläufig wichtige Fragen unbeantwortet. Welche Auswirkungen hatten die Rassentrennung und die weitverbreitete rassistische Gewalt – Säulen des Jim-Crow-Systems – auf die Funktionsweise des Rechts? Was würde die Analyse der politischen Ideologien und Praktiken der Schwarzen zu der Diskussion beitragen?

Dass den Schwarzen Südstaatlern das Wahlrecht so lange vorenthalten wurde, war ein nationaler Skandal, der das Leben und die Möglichkeiten sowohl Schwarzer als auch weißer Amerikaner sowie die Machtstrukturen im Süden wie in Washington maßgeblich beeinflusste. Wie Frederick Douglass zu Zeiten der Reconstruction festgestellt hat, ist der Ausschluss vom Wahlrecht in einer sich als demokratisch verstehenden Gesellschaft eine schwerwiegende Angelegenheit – er markiert die Grenzen von Ausschluss und Einschluss in Bezug auf den politischen Körper. Penningroth geht davon aus, dass der Begriff der Bürgerrechte in der Form, wie er sich im 19. Jahrhundert einbürgerte, seine spezifischen Konturen der Antisklaverei-Politik dieser Ära verdankt. Im Verlauf des Buchs gerät die Politik allerdings weitgehend aus dem Blickfeld. Vielleicht liegt das daran, dass der Autor das Rechtssystem als das relevante Maß für die Beziehungen zwischen den Rassen ansieht und nicht die Wahlurne. Vielleicht hat es auch mit seinem Widerwillen gegen »die Politik der 1960er Jahre« zu tun, die jüngere Historiker ihren Darstellungen der Bürgerrechtsbewegung seiner Ansicht nach aufgezwungen haben.

War die Bewegung nun ein Sieg, eine Niederlage oder womöglich etwas, das sich in der Eindeutigkeit dieser Begriffe gar nicht fassen lässt? Das rechtliche Gebäude von Jim Crow wurde abgerissen, zahlreiche Verkörperungen der weißen Vorherrschaft sind ebenfalls geschleift worden. Ein Blick auf unsere heutige Gesellschaft mit ihren krassen Unterschieden in Bezug auf Wohlstand, Lebenserwartung, Bildung und andere Indikatoren für individuelles und soziales Wohlergehen zeigt jedoch, dass dieser Wandel unvollständig war.

Die Bürgerrechte sind in den Gesetzen und im Rechtsbewusstsein der USA mittlerweile fest verankert. Dass im Zuge dessen rechtliche Fragen zu moralischen geworden sind und die Bürgerrechte heute kaum mehr als Inbegriff der Rechte aller Bürger, sondern vornehmlich in Hinblick auf das Problem der Rassendiskriminierung in den Blick geraten, verbucht Penningroth dennoch als Verlust. Hat das Civil Rights Movement dieses verengte Verständnis der Bürgerrechte, das es schwieriger macht, eine breite Öffentlichkeit für seine Ziele zu mobilisieren, tatsächlich selbst befördert? Auf diese wie auf viele andere Fragen, die Penningroths ehrgeiziges, anregendes und kämpferisches Buch aufwirft, steht eine überzeugende Antwort noch aus.

Aus dem Englischen von
Christian Demand und Ekkehard Knörer

Denkt da wer?

Die Intelligenz künstlicher Menschen in der Literatur

Von Christian Wiebe

Drei kurze Schöpfungsszenen: *Genesis* – Nur wenige Tage waren ins Land gezogen, da erschafft Gott den Menschen, der bald beginnt, eigene Entscheidungen zu treffen und die Erde in seinem Sinn umzugestalten. Raphaela Edelbauer: *DAVE* – Alle Menschen arbeiten fieberhaft darauf hin, eine künstliche Superintelligenz zu erschaffen, die, einmal erwacht, ihre Probleme lösen soll, wie zum Beispiel die unbewohnbare Erde einigermaßen wiederherzustellen. Und vielleicht Carlo Collodi: *Pinocchio* – Ein Holzschnitzer bearbeitet ein eigentümliches Holz, die fertige Holzpuppe erwacht zum Leben und nimmt Reißaus.

In allen drei Geschichten kommen literarische Figuren vor, denen eine gewisse Intelligenz unterstellt werden kann. Die ersten Menschen der alttestamentlichen Schöpfungsgeschichte sollen die ersten Menschen sein, die also trotz eines beträchtlichen historischen Abstands intelligent genannt werden dürften, gleichgültig welche Definition von Intelligenz man ansetzt. Die Superintelligenz DAVE in Edelbauers Roman ist als starke KI konzipiert, die schließlich *selbst* denken kann. Und der kleine Pinocchio ist immerhin in der Lage zu lügen und eigene Ziele zu verfolgen. Er wäre wohl auch intelligent zu nennen. Aber wer denkt da eigentlich?

Für das Feld Literatur und KI ist zuerst eine Banalität festzuhalten: In der Regel denkt dort, wo eine künstliche Intelligenz ins Spiel kommt, keine Künstliche Intelligenz, sondern ein Autor. In Edelbauers Roman ist das brillant reflektiert, indem der Leser hineingenommen wird in das Denken einer KI. Lesen ermöglicht die Mitsicht mit einer Figur, die lebendig oder künstlich sein kann, in jedem Fall nur in der Geschichte existiert. So wie Edelbauer sich in eine KI eindenkt (oder darf man sagen: einfühlt?), mutet sie dies auch dem Leser zu. Das festzuhalten ist wichtig, weil sonst leicht alles durcheinandergerät, sobald historisch über KI und die Literatur nachgedacht wird.

Es ist allzu leicht, in der Literatur einem künstlichen Gegenstand eine Intelligenz anzudichten. Eine sprechende, vielleicht gar mordlustige Gabel – um ein sehr dummes Beispiel zu nehmen – hat noch keine künstliche Intelligenz in dem Sinne, dass damit irgendetwas für eine Literaturgeschichte der Künstlichen Intelligenz gewonnen wäre. Auch für Pinocchio oder den berühmten Golem ließe sich sagen, sie sind künstliche Menschen, aber sie haben keine Künstliche Intelligenz.

Anfang 2024 hat Stephanie Catani das *Handbuch Künstliche Intelligenz und die Künste* herausgegeben, das schleunigst gelobt werden sollte, bevor die Entwicklungen der KI über die Darstellungen des Buches hinweggerollt sind. Als Bestandsaufnahme und nicht zuletzt als Themeneinführung in Universitätsseminaren ist es hervorragend geeignet und erscheint damit zur rechten Zeit. Etwas weniger schnell sollten naturgemäß die historischen Teile des Buchs eingeholt werden. Überaus instruktiv ist zum Beispiel Bianca Westermanns Artikel zur Ideengeschichte der Künstlichen Intelligenz, worin sie den Blick zurücklenkt auf die Automaten im späten 18. und frühen 19. Jahrhundert. Maren Conrad widmet sich der *Literaturgeschichte der Künstlichen Intelligenz.*[1] Sie erzählt deren Vorgeschichte ebenfalls anhand von Automaten und künstlichen Menschen. In solch einer Vorgeschichte können viele Gestalten Platz finden, künstliche Menschen sowieso, aber wichtig wäre es, erstens, zu beschreiben, was diese Figuren systematisch von einer Künstlichen Intelligenz noch trennt, und zweitens, wie eine Künstlichkeit des Denkens in der Literatur abseits der künstlichen Menschen reflektiert wird. Zwar gibt Conrad eine historische Ordnung vor, die für das 18. und 19. Jahrhundert den Begriff »präkybernetische Moderne« kennt, aber dann wird Frankensteins Monster doch eine Künstliche Intelligenz zugeschrieben, die in ihrer Spezifik nicht abgegrenzt wird vom Nachdenken über KI und Kybernetik seit etwa der Mitte des 20. Jahrhunderts.

Ansatzpunkte gäbe es. Ganz kurz vor dem Hype um ChatGPT erschien Gotthard Günthers *Das Bewußtsein der Maschinen* erneut. Zuerst 1957 publiziert, in zweiter Auflage 1963, ist es ein ideales Buch, um nicht vorschnell in jedem künstlichen Menschen eine Künstliche Intelligenz zu wittern, sondern zunächst die Begriffe zu prüfen. Günther unterscheidet im Anhang des Buchs zwischen Homunkulus und Robot, was sich auf andere künstliche Menschen ausdehnen lässt. Über die Erschaffung des Homunkulus schreibt er: »Der ›chymische‹ Prozeß, durch den jenes gespenstische koboldhafte Wesen aus der Retorte erzeugt werden kann, muß der Natur selbst überlassen werden, weil sie eben die einzige Realitätsform darstellt und sich deshalb immer nur *selbst* wiederholen kann. Der Mensch steht dabei und schaut der Natur bloß zu, wie sie im abgeschirmten Raum des ›chemischen‹ Reagenzprozesses seine Gestalt und Funktion in diminutiven Abmessungen noch einmal produziert. Sein Beitrag besteht nur darin, daß er die alchimistischen Formeln liefert, die den Reduplikationsvorgang in Gang setzen sollen. Von dem Moment an jedoch, wo der Prozeß wirklich beginnt, ist seine Mitarbeit endgültig ausgeschlossen. Es sind *ihm unverständliche* transzendente Seinsgesetze, die den Prozeß durchführen sollen.«[2]

Der Golem und Frankensteins Monster sind keine Homunkuli, aber auch für sie gilt das prinzipielle Nichtverstehen ihrer Intelligenz. Anders die KI-Systeme, die zwar so komplex werden können, dass nicht mehr jede ihrer Aktionen vorhersagbar ist – das macht ihre Intelligenz aus –, aber die prinzipiell nach verständlichen logischen Gesetzen funktionieren. Damit wäre eine erste systematische Unterscheidung getroffen, die nun für die Literatur das beschriebene Problem mit sich bringt, dass dort nur literarisch nachgeahmt wird, was in der Wirklichkeit vielleicht funktionieren mag oder vielleicht auch nicht.

Eine KI im literarischen Text funktioniert eben nicht nach logischen Gesetzen, sondern die Logik wird in der Regel allenfalls behauptet. Und genau das ließe sich

1 Maren Conrad, *Literaturgeschichte der Künstlichen Intelligenz.* In: Stephanie Catani (Hrsg.), *Handbuch Künstliche Intelligenz und die Künste.* Berlin: de Gruyter 2024.

2 Gotthard Günther, *Das Bewußtsein der Maschinen. Eine Metaphysik der Kybernetik* [1957]. Frankfurt: Klostermann 2021.

nun als Unterscheidungskriterium starkmachen: die Reflexion auf die Modellierung der Intelligenz nach Regeln der Logik. Nur ein literarischer Text, in dem auf die Modellbildung der Intelligenz nach logischen Regeln reflektiert wird, erzählt von Künstlicher Intelligenz in der Literatur. Alles andere bliebe Vorgeschichte oder Nebenhandlung. Dann würden auch die Vorgeschichten mit einer solchen Heuristik verständlich.

Ein Blick auf den berühmtesten künstlichen Menschen der deutschen Literatur, Olimpia aus E. T. A. Hoffmanns *Der Sandmann*: Ihr Fall ist interessant, weil sie als Automat konzipiert ist, das heißt, sie ist mechanisch hergestellt. Aus der Perspektive unserer Gegenwart kann die Intelligenz kaum anders gedeutet werden denn als künstliche, aber das entspricht nicht der Geschichte. Olimpias Redebeiträge erschöpfen sich nahezu in einem immer wiederholten »Ach – Ach!«, womit der Turing-Test nicht zu bestehen wäre, und sie bewegt sich etwas zu steif und abgemessen, doch auf einem Ball, wo sie vorgestellt wird, vollführt sie Handlungen, die ohne Intelligenz schlecht denkbar sind. Diese Intelligenz wird im Text jedoch nicht erläutert; wie sie zustande kommt, bleibt prinzipiell unverstanden. Sie ist einfach da, als ein Rätsel, für das eine Modellbildung nach logischen Prinzipien nicht die historisch naheliegende Lösung wäre.

Die Belebung des Automaten – und das ist eine frappierende Analogie zu unserem Umgang mit Künstlichen Intelligenzen – vollzieht sich insbesondere im Auge des Betrachters, der eine Beseelung fantasiert: »Nun erschaute Nathanael erst Olimpias wunderschön geformtes Gesicht. Nur die Augen schienen ihm gar seltsam starr und tot. Doch wie er immer schärfer und schärfer durch das Glas hinschaute, war es, als gingen in Olimpias Augen feuchte Mondesstrahlen auf. Es schien, als wenn nun erst die Sehkraft entzündet würde; immer lebendiger und lebendiger flammten die Blicke.« Olimpia wird durch Nathanaels Blick lebendig. Das kann auch gar nicht anders sein, denn wer sollte dem Automaten Bewusstsein oder eine Seele zubilligen, wenn nicht der Mensch, der ihn betrachtet. Der künstliche Mensch lässt schon bei Hoffmann erahnen, was Gotthard Günther für die intelligenten Systeme grundsätzlich voraussieht: Sie werden unheimlich, weil die »uns altvertraute Unterscheidung von Ding und Seele unwiederbringlich verloren geht«. Insofern befinden wir uns in der Vorgeschichte der KI in der Literatur, ohne Olimpia eine künstliche Intelligenz zu unterstellen.

Noch wichtiger als Hoffmanns Erzählung für die Vorgeschichte, die hier angedeutet wird, sind Jean Pauls Satiren, die 1789 unter dem Titel *Auswahl aus des Teufels Papieren* erschienen. In dieser Zeit erweckten die Automaten von Wolfgang von Kempelen – ein Schachspieler, wegen seines Aussehens »Schachtürke« genannt, und eine Sprechmaschine, mit der durch einen Blasebalg menschliche Laute erzeugt werden konnten – großes Interesse. Kempelen ging mit seinen Automaten auf Tournee, und in Jean Pauls Text wird erstaunt vermerkt, dass die braven Automaten die generierten Einnahmen vollständig an ihren Erbauer abtreten würden.[3] Die Maschinen faszinierten ein Publikum.

3 Jean Paul, *Sämtliche Werke*. Abt. II: *Jugendwerke und Vermischte Schriften*. Bd. 2. Hrsg. v. Norbert Miller u. Wilhelm Schmidt-Biggemann. München: Hanser 1976.

Hoffmanns Olimpia, ein literarisches Update dieser Kempelen-Automaten, spielt ebenso mit dieser Faszination für komplexe Maschinen.

Der Kniff beim mechanischen Schachspieler, dass in ihm verborgen ein Mensch die Züge erdachte, die er dann auf die Maschine übertrug, war Ende des 18. Jahrhunderts noch nicht bekannt. Die Mechanik – eine Nachbildung wird ausgestellt im Heinz Nixdorf MuseumsForum in Paderborn – ist staunenswert, aber sie ist unintelligent. Doch für die Zeitgenossen war das ein Problem: Wie kann dieser Automat richtig und sogar gut Schach spielen? Müsste er nicht intelligent sein?

Jean Pauls Text erörtert das im Grunde nicht, sondern macht schließlich einen Witz aus der fehlenden Intelligenz der Automaten: »Vor dem Schlusse unserer Vorstellung rücken wir Damen und Spieler zugleich, dem H. v. Kempele die wichtige Frage ans Herz: ob er nicht seiner Ehre und Tugend besser gerathen hätte, wenn er anstatt sich niederzusetzen und feurig Sprach- und Spielmaschinen auszubrüten, die auf einmal tausend seiner Brüder ausser Nahrung setzen, recht nachgesonnen hätte und wirklich mit Denkmaschinen zum Vorschein gekommen wäre; denn da nur sehr wenige Profession vom Denken machen, so hätt' er geringes oder kein Unheil anrichten können, da zumal die wenigen, die durch die Nebenbuhlerei der Denkmaschinen verhungert zu seyn geschienen hätten, sicher auch ohne diese Hungers gestorben wären.«

Zuvor spielt der Text mit der Frage, welche menschlichen Tätigkeiten Maschinen ersetzen könnten, und die Überlegungen sind mit Blick auf aktuelle Entwicklungen wundersam treffsicher: Sie könnten zum Beispiel Richtsprüche fällen oder »recht gute Sonntagspredigten, Monats- Quartal- Kinder- und berlinische Spasschriften [...] abfassen«. Das ist nicht ernst erwogen, sondern satirisch gezeichnet. Die Konsequenzen der Automaten zu Jean Pauls Zeit und das Nachdenken über Konsequenzen der KI heute weisen frappierende Parallelen auf. Trotzdem ist dort keine KI zu finden, keine Reflexion auf Künstliche Intelligenz im engeren Sinne oder eine Modellhaftigkeit der Intelligenz. Der satirische Text kann leicht Predigten per Automat verfassen lassen, ohne dass über die Bedingungen reflektiert würde, die das möglich machen könnten. Auch in den anderen Texten Jean Pauls oder E. T. A. Hoffmanns, in denen Automaten eine Rolle spielen, bleiben deren Intelligenzen in einer Black Box verschlossen.

Ein Jahrhundert später sieht die Situation anders aus. Vor allem Jules Verne muss für die Anfänge der Science-Fiction-Literatur genannt werden, die nun genau das einlösen wird, was für eine als Intelligenz wahrnehmbare Künstliche Intelligenz gelten soll: eine Reflexion auf die technischen, wissenschaftlichen, logischen Grundlagen. Künstliche Intelligenzen gehören allerdings nicht zu den Modethemen der Sci-Fi-Literatur der Zeit um 1900. Beliebter als die Maschinenmenschen sind Marsmenschen, Zeit- und Weltraumreisende.[4] Und gerade der vielbeachtete Maschinenmensch dieser Epoche, Maria aus *Metropolis*, gibt in Sachen

4 Wichtig ist Hans Esselborn, *Die Erfindung der Zukunft in der Literatur. Vom technisch-utopischen Zukunftsroman zur deutschen Science Fiction*. Würzburg: Königshausen & Neumann 2019.

literarischer künstlicher Intelligenz nicht viel her. Den Film lasse ich für mein Thema beiseite. Thea von Harbou, die das Drehbuch für *Metropolis* schrieb, verfasste auch den Roman gleichen Namens, der 1926 erstmalig erschien,[5] parallel zu den Dreharbeiten des Films.

Der Maschinenmensch des Romans, der die Rebellenanführerin Maria ersetzt, ist sehr viel wortgewandter als Olimpia hundert Jahre zuvor, aber auch sie besitzt ihre Intelligenz einfach so. Der Roman macht daraus keine große Sache. Bezeichnend ist, wie die anderen Maschinen in *Metropolis* beschrieben sind. Sie sind anthropomorphisiert, aber zugleich von den Arbeitern abhängig, die sie kontrollieren. Da ist keine Intelligenz in dem grundlegenden Sinne, dass die Maschinen sich selbst kontrollieren könnten. Sie scheinen heimtückische Pläne zu verfolgen, doch zugleich benötigen sie einen Maschinenarbeiter, der sie permanent beobachtet. Künstliche Intelligenz findet sich erneut vor allem rückblickend, weil wir sie einem Maschinenmenschen eher zusprechen als eine magische, literarische, homunkulihafte Intelligenz.

Doch es gibt Ausnahmen. Oder ehrlicher: Mehr als wenige Ausnahmen kenne ich nicht. Als Thea von Harbou *Metropolis* schreibt, ist Science-Fiction-Literatur am deutschen Buchmarkt und in Zeitschriften bereits präsent, es existiert eine gewaltige Menge Text. Kurd Laßwitz ist sehr früh dran und von eminenter Bedeutung. Die Vorgeschichte der KI sehe ich hier weniger bei den menschenähnlichen Automaten, die die Marsbewohner in *Auf zwei Planeten* geschaffen haben, die nur kurz auftreten und zudem für die Handlung völlig irrelevant sind.[6] Besonders wichtig erscheint mir eine kleine »Integrationsmaschine«, die eine Mathematikerin namens Functionata in *Gegen das Weltgesetz* bedient. Diese Maschine lernt nicht, sie tritt nicht selbständig in Kontakt mit ihrer Umgebung, sie spricht nicht einmal, aber sie löst hochkomplexe mathematische Probleme. Mit ihrer Hilfe kann Functionata das Leben der Protagonisten antizipieren, das sich auf Formeln abbilden lässt.

Diese Maschine nimmt den Menschen Denkarbeit ab: »Funcionata war nämlich Mathematikerin; die Arbeiten der größten Meister hatten es dahin gebracht, daß ungeheure Rechnungen, welche sonst das Leben eines Einzelnen ausgefüllt hätten, durch die Integrationsmaschine in wenigen Stunden und ohne jede Anstrengung des Denkens ausgeführt werden konnten. Die Methode der symbolischen Bezeichnungen gestattete, die Arbeit zu einer mechanischen zu machen und jedes beliebige System von Differentialgleichungen durch complicirte Combinationen des Maschinenwerkes zu lösen, so daß die gesammte geistige Kraft des Forschers auf die Aufstellung der Probleme, ihre Darstellung in mathematischer Sprache und die Deutung der Integrale, unterstützt durch vorzügliche Tabellenwerke, verwandt werden konnte.«[7]

5 Thea von Harbou, *Metropolis*. Hrsg. v. Herbert W. Franke. Berlin: Ullstein 1984.

6 Kurd Laßwitz, *Auf zwei Planeten. Roman in zwei Büchern* [1897]. Hrsg. v. Dieter von Reeken. Lüneburg: DvR 2020.

7 Kurd Laßwitz, *Gegen das Weltgesetz*. In: Ders., *Bilder aus der Zukunft. Zwei Erzählungen aus dem 24. und 39. Jahrhundert* [1879]. Hrsg. v. Dieter von Reeken. Lüneburg: DvR 2019.

Der Forscher beschreibt die Probleme und übersetzt sie in die Formeln, die dann von der Maschine gelöst werden können. Solche Maschinen, die gar nicht menschenähnlich sind, ergänzen die Literaturgeschichte der KI. Und erst mit ihnen wird verständlich, wie Leo Gilbert *Seine Exzellenz der Automat* schreiben und 1907 veröffentlichen konnte, über dessen Aktualität sich zum Beispiel Denise Bucher – »beängstigend prophetisch« – in der *NZZ* gewundert hat,[8] als der Roman 2023 irritierenderweise mit geändertem Titel und bedauerlicherweise ohne detaillierte Editionshinweise neu herausgegeben wurde. Hier kommt eine Denkmaschine zum Einsatz, die einem Automatenmenschen die nötige Intelligenz verleihen kann. Und diese Maschine lernt, denn: »Jeder kleine Fehler, der sich einschleichen will, etwa durch Ungenauigkeit in den Zahnrädern oder durch ein Staubkörnchen, verbessert sie sofort. Die Maschine bewacht und kontrolliert sich selbst unaufhörlich!«[9]

Auch in Gilberts Roman kann das Denken in Formeln abgebildet werden. Zahnräder sollen es möglich machen. Bemerkenswert bleiben seine Überlegungen zur Funktionsweise der Denkmaschine: Das Denken bestehe insgesamt »nur im Registrieren, Kombinieren und Permutieren alter Gedanken«. Damit ist ein Weg beschritten, der in den 1940er Jahren zur Kybernetik und zu den großen Science-Fiction-Romanen führen wird. Ob Gilbert mit seinem Roman ein Pionier ist, lässt sich meines Erachtens noch nicht sagen. Die Denkmaschine hat er nicht erfunden, auch nicht das Wort. Das hat bereits eine lange Geschichte, Jean Paul ist ebenfalls nicht der Erste, der diese Bezeichnung verwendet. Vielmehr registriert, kombiniert und permutiert Gilbert an dieser Stelle vermutlich sehr klug Ideen der neuen Mathematik.

Der Mathematiker Ernst Schröder schreibt 1890 in seinen *Vorlesungen über die Algebra der Logik*: »In der That aber vermag doch Niemand vorauszusehen, ob nicht schon bald eine ›Denkmaschine‹ konstruirbar wird, analog oder vollkommner wie die Rechenmaschine, welche dem Menschen einen sehr beträchtlichen Teil ermüdender Denkarbeit fortan abnehmen wird, gleichwie die Dampfmaschine es mit der physischen Arbeit erfolgreich thut.«[10] Das erwägt Schröder, weil der Logiker die Gesetze des Intellekts selbst erkenne. Das richtige Schließen der Logik entspreche den Gesetzen des menschlichen Denkens. Maschinenbewusstsein oder eine künstliche Kreativität sind nicht gemeint, aber die Vorstellung eines Modells ist entwickelt. Intelligenz wird in der Logik modellierbar, und in der Literatur wird dies reflektiert. Dass Laßwitz und Gilbert vor mehr als hundert Jahren mit dieser neuen Form des Denkens auch Probleme aufziehen sahen, versteht sich von selbst.

8 Denise Bucher, *Der Android, ein Mensch aus Stahl und Eisen*. In: NZZ vom 29. Juli 2023 (www.nzz.ch/feuilleton/science-fiction-bereits-1907-erfand-leo-gilbert-den-androiden-ld.1782946).

9 Leo Gilbert, *Seine Exzellenz der Android. Ein phantastisch-satirischer Roman*. Hrsg. v. Nathanael Riemer. Frankfurt: Edition W 2023.

10 archive.org/details/bub_gb_P95LAAAAYAAJ

Partikular/Universal
James Baldwins Verhältnis zu Malcolm X und Martin Luther King

Von René Aguigah

No Name in the Street

1968/69 verbrachte James Baldwin mehrere Monate in Hollywood – beziehungsweise in einem Umkreis von zwei, drei Autostunden, der Beverly Hills ebenso umfasste wie das damals Schwarze Viertel Watts in Los Angeles, den Strand am pazifischen Ozean und die mondäne Wüstenstadt Palm Springs. Dem Aufsteiger aus Harlem, obwohl ihm Glamour längst nicht mehr fremd war, zu schweigen vom Leben in Hotels, wurde das Beverly Hills Hotel, wo er untergebracht war, zur gespenstischen Umgebung. »Die Leute in der Bar, in der Lounge, in den Fluren, auf den Spaziergängen, in den Swimmingpools, in den Geschäften schienen ebenso entwurzelt wie ich, schienen unwirklich.«[1] Die gesellschaftliche Spaltung in Schwarz und Weiß, in hyperreich und vernachlässigt arm, die er doch auf der Insel Manhattan in allen Details kannte, wirkte in den urbanen Weiten von Los Angeles noch einmal neu auf ihn: »Die Autofahrt von Beverly Hills nach Watts und zurück ist eine lange und beschwerliche Fahrt – ich hatte manchmal das Gefühl, als würde mein Körper über diese Meilen gestreckt [...] Diese beiden Welten würden einander niemals treffen, und diese Tatsache war ein Vorbote des Unheils für meine Landsleute und für mich.«

Ausgerechnet in diesem Hollywood widmete er sich der Lebensgeschichte jenes ehemaligen Gangsters, der es zum Wortführer der Schwarzen in den Ghettos des Landes gebracht hatte: Die *Autobiography of Malcolm X*, in Malcolms Todesjahr 1965 erschienen,[2] sollte auf die Leinwand gebracht werden, und Columbia Pictures gewann Baldwin dafür als Autor. Ein Projekt, das ihm übrigens, als er am Rande einer Fundraising-Veranstaltung davon erzählte, einen argwöhnischen Blick von Martin Luther King einhandelte, sei es wegen dessen distanziertem Verhältnis zu Malcolm X, sei es aus Misstrauen Hollywood gegenüber.

Baldwin reizte der Auftrag nicht zuletzt deshalb, weil er auf einen Einstieg in die Kinobranche spekulierte. Seit seinem ersten Roman hatte er auf Verfilmungen seiner Bücher gehofft.[3] Doch nicht nur die sozialen Akklimatisierungsschwierigkeiten in Los Angeles machten ihm zu schaffen, auch in der Zusammenarbeit mit Columbia klemmte es von Anfang an. »Der Konflikt bestand einfach zwischen mei-

1 James Baldwin [1972], *No Name in the Street*. New York: Vintage Books 2007. In diesen Tagen erscheint *Kein Name bleibt ihm weit und breit*. Übersetzt v. Miriam Mandelkow. München: dtv 2024.

2 Malcolm X / Alex Haley [1965], *The Autobiography of Malcolm X*. New York: Penguin 2001.

3 David Leeming, *James Baldwin. A Biography*. New York: Arcade Publishing 2015.

nem Leben als Schriftsteller und meinem Leben als – nicht eben als Sprachrohr, aber als öffentlicher Zeuge für die Situation der Schwarzen«, schreibt Baldwin – was hier konkret bedeutet: Er reiste immer wieder für Auftritte bei Bürgerrechtsveranstaltungen zurück an die Ostküste und saß weniger an der Schreibmaschine in seinem Westküsten-Hotel, als es der Exklusivvertrag mit Columbia vorsah.

Schwerer noch wogen die filmindustriellen Eingriffe in seine Entwürfe. Baldwin wurde darüber unterrichtet, dass Malcolm X' »Tragödie« darin bestanden haben soll, dass ihn früh einige Weiße schlecht behandelt und später viele Schwarze verraten hätten. Sein Produzent stellte ihm einen »›technischen‹ Experten« als Ko-Autor zur Seite. So schildert es Baldwin in *The Devil Finds Work* (1976), seinem Buchessay über das US-amerikanische Kino.[4] Im Frühling 1969 stieg er aus dem Vertrag aus. Sein Malcolm X-Drehbuch veröffentlichte er unter dem Titel *One Day When I Was Lost* (1972).[5]

In den Erinnerungen von *No Name in the Street* erscheint Malcolm X als leidenschaftlicher und aufrechter Kämpfer für die Sache der Entrechteten, die sich von ihm gesehen und repräsentiert fühlen; als Wortführer, der die Leute, für die er spricht, tatsächlich liebt; als mitreißender Redner natürlich, als vehementer Debattierer und auch als Gesprächspartner mit Humor – »er war einer der sanftesten Menschen, die ich je getroffen habe«. So gesehen, ähnelt dieser Malcolm auffällig jenem Martin, den Baldwin zehn Jahre zuvor in einem Essay fürs *Harper's Magazine* gezeichnet hatte.

Zu den Begegnungen, von denen *No Name in the Street* erzählt, gehört eine Diskussionssendung, an der neben Baldwin und Malcolm X unter anderem der konservative Schwarze Publizist George S. Schuyler teilnahm. Einzelne Inhalte spart Baldwin in den Erinnerungen aus, wohl aber beschreibt er den Frontverlauf von Sympathie und Antipathie, die Nähen und Distanzen im Grundsätzlichen. Es habe nicht lang gedauert, bis Malcolm und er eine gemeinsame Achse gegen die anderen gebildet hätten, so Baldwin, als »die alten Straßenratten und die Erben von Baptistenpredigern«. Er habe zur Diskussion kaum anderes beitragen können, als einige von Malcolms Punkten auszuführen, zu modifizieren oder zu unterstreichen, »aber es war mir unmöglich, ihm zu widersprechen«.

James Baldwin konnte nicht ahnen, dass sein Publikum des 21. Jahrhunderts nicht mehr auf beschwerliche Reisen in Rundfunkarchive angewiesen ist, um zumindest einen Teil seiner Beiträge in Funk und Fernsehen nachzuhören. Jene einstündige Diskussion mit Baldwin, Malcolm X und Schuyler von 1961, die auf den handelsüblichen Plattformen im Netz zu finden ist,[6] lohnt, wie alle Medienauftritte Baldwins, nicht weniger als die Lektüre seiner Bücher. In Baldwins erstem Redebeitrag fällt

4 James Baldwin, *The Devil Finds Work* [1976]. In: Ders., *Collected Essays*. Hrsg. v. Toni Morrison. New York: Library of America 1998.

5 James Baldwin, *One Day When I Was Lost. A Scenario Based on Alex Haley's »The Autobiography of Malcolm X«* [1972]. New York: Vintage Books 2000.

6 *Malcolm X And James Baldwin Discuss Race Relations in America in 1961* (www.youtube.com/watch?v=5qJH9GrVKBY).

der Satz: »Das ist der Streit, den ich mit Mr. X habe.« Was folgt, ist Kritik am Separatismus der Black Muslims.

Was Malcolm X und die Nation of Islam wollten, ähnele der ohnehin existierenden Segregation in Mississippi oder Georgia, der möglichst sauberen Trennung von Schwarzen und Weißen, mit dem einzigen Unterschied, dass die Weißen in den Südstaaten zusätzlich daran festhielten, dass die Schwarzen weiter für sie arbeiteten. Er, Baldwin, lehne eine solche Trennung nicht nur ab, sondern: »I don't, in the first place, believe in races!« Die Lage sei völlig anders als etwa jene der Kongolesen in ihrem Kampf gegen die Kolonialmacht Belgien, denn die Schwarzen in den USA, »ob es die Weißen oder Schwarzen einräumen mögen oder nicht, bekämpfen ihre eigenen Brüder und Vorfahren«. Baldwin argumentiert am Mikrofon auf der gleichen Linie, die in *The Fire Next Time (1963)* nachzulesen ist: Er teilt die Diagnose über Geschichte und Gegenwart der desaströsen Lage der Schwarzen, wie sie die Black Muslims stellen; und er weist deren Traum von der Entmischung in eigene Volkswirtschaften oder Staaten zurück.

Trügt also die Erinnerung? Täuscht Baldwin, der Zeuge, gar sein Publikum? Nein, interessanterweise. Der Punkt, den er seinerzeit gegen Malcolm X einwendet, bleibt selbstverständlich aufrechterhalten. Nirgendwo in seinem Werk, auch nicht in *No Name in the Street*, findet sich eine Spur von Sympathie für ein Programm, ganze Menschengruppen, nach welchen Kriterien auch immer, zu separieren. Nichts widerspräche seinem Denken deutlicher als eine solche Trennungsfantasie. Umgekehrt hat er schon Anfang der sechziger Jahre kein Geheimnis aus seiner Sympathie für Malcolm X gemacht: »Die Muslim-Bewegung hat alle Beweise auf ihrer Seite.«[7] Oder: »Ich persönlich lasse mich jedenfalls bestimmt nicht dahin drängen, Malcolms Thesen die Wahrheit abzusprechen, nur weil ich mit seinen Schlussfolgerungen nicht übereinstimme oder um das liberale Gewissen zu beruhigen.«[8]

Was in den rund zehn Jahren geschehen ist, die zwischen *The Fire Next Time* und *No Name in the Street* liegen, gab Anlass genug für Wut: die Bombe auf die Mädchen von Birmingham im September 1963, »die erste Antwort« nach dem Marsch auf Washington im August zuvor; überhaupt die Toten, von denen Malcolm X und Martin Luther King eben nur die prominentesten waren; die Aufstände in den Städten seit 1964, die nach dem Attentat auf King im April 1968 ein neues Ausmaß an Zerstörung in sämtliche Großstädte des Landes brachten. Spätestens seitdem war die Bürgerrechtsbewegung erlahmt und zersplittert, während militante Gruppen wie die Black Panthers wuchsen. James Baldwin selbst wurde vom FBI beobachtet und vertiefte sich in die Biografie des Malcolm X. Man muss die beiden nicht gleich für »Seelenverwandte« (Leeming) halten, um zu ver-

7 James Baldwin, *East River, Downtown: Postscript to a Letter from Harlem* [1961]. In: Ders., *Nobody Knows My Name. More Notes of a Native Son*. London: Penguin 1991.

8 James Baldwin [1963], *The Fire Next Time*. London: Penguin 2017 (*Nach der Flut das Feuer*. Übersetzt v. Miriam Mandelkow. München: dtv 2019).

stehen, dass diese Erinnerungen Malcolm X ins freundlichste Licht setzen.

In *No Name in the Street* ist Malcolm, erstens, kein Rassist – »selbst dann nicht, als er dachte einer zu sein«. Mit einem Schwarzen Rassisten hätte ein rassistisches Land besser umgehen können, meint Baldwin. Malcolm X wurde dem weißen Amerika vielmehr gefährlich, indem er die Schwarzen bejaht und sie ermutigt hat, ihre Lebensverhältnisse zu ändern. Die Bezeichnung »umgekehrter Rassist« (»racist in reverse«) verwirft Baldwin ganz allgemein. Da Rassismus eine Frage der Macht ist, gilt: »Die Machtlosen, per Definition, können nie ›Rassisten‹ sein, denn sie können die Welt nie dazu bringen, dafür zu bezahlen, was sie fühlen oder befürchten.« Malcolm X tritt hier, zweitens, als Hoffnungsträger auf, der gewalttätig aus dem Spiel genommen wurde und umso sehnsüchtiger vermisst wird: »In irgendeiner Kirche wird er eines Tages, bislang nicht vorgestellt und unvorstellbar, als Heiliger gepriesen werden.« Oder als Stoßseufzer nach der Feststellung, dass den vernachlässigten Ghettos so etwas wie eine zentrale Anlaufstelle fehlt: »Herr, wir brauchen Malcolm jetzt wirklich.« Der ermordete Wortführer fungiert also, drittens, als eine Art Vorreiter für die folgende Generation. In der Lücke, die Malcolm X hinterlassen hat, sieht Baldwin die neu entstandene Black Panther-Partei; oder er projiziert sie dort hinein.

Das hat ohne Zweifel seine Logik. Wie die weiße Mehrheitsgesellschaft über die Black Panthers diskutierte, konnte dem Veteranen nicht neu sein. Die Black Muslims zu ihrer Zeit, so Baldwin, »bedeuteten für das amerikanische Volk genau das, was die Black Panthers heute bedeuten«. Noch einen Schritt tiefer in die Zeitgeschichte: Ebenso wie der Tag kommen musste, an dem Rosa Parks sich der ausgrenzenden Menschensortierung in den Bussen von Montgomery widersetzte, meint Baldwin, so war das Auftauchen (»advent«) der Black Panthers unausweichlich. Deren Selbstverteidigung, das *policing the police*, anfangs noch im Einklang mit den kalifornischen Waffengesetzen, war die naheliegende Antwort auf die strukturelle Bedrohung der Schwarzen Ghettobewohner durch die Polizei. Dieser Punkt lag ihm am nächsten, und so kommentiert er den Aufstieg der Panther wohlwollend: »In den Augen der Armen und der Schwarzen jedenfalls besteht der Hauptunterschied zwischen einem Polizisten und einem Verbrecher in der Kleidung.« Auch der Kampf gegen die systematische Benachteiligung von Schwarzen im Gefängnissystem liegt Baldwin nah. Noch heute wird die Masseninhaftierung von Schwarzen plausibel als Fortsetzung des Jim-Crow-Regimes mit anderen Mitteln angeklagt. Schließlich ist auch Baldwins Idee der Black Panthers als einer »Kraft für Frieden und Stabilität im Ghetto« verständlich.

Dennoch: Während der Autor die Tötung von Panther-Mitgliedern völlig zu Recht skandalisiert (unter anderem wird 1968 der siebzehnjährige Bobby Hutton in Oakland erschossen), kommt ihm eine Diskussion über die Mitverantwortung, die die Black Panthers selbst für die Schießereien tragen könnten, in die sie verwickelt waren, nicht in den Sinn. Kein Wort über den Waffenkult, den die Partei seit ihrer Gründung pflegte. Kein Wort über den neuartigen Kampf auch zwischen den

Geschlechtern in der Partei. Kein Wort über die modische Dimension, die Lederjacken, Sonnenbrillen, Mützen, die bald ein Eigenleben als politikfreies Element führten.

Sogar die schwulenfeindlichen Lästereien, mit denen der »Informationsminister« der Partei, Eldridge Cleaver, in seinem Buch *Seele auf Eis* über Baldwin herzieht, quittiert dieser mit Freundlichkeiten über den Jüngeren.[9] »Ich habe drüber nachgedacht, und was er in seinem blöden Buch über deine Homosexualität geschrieben hat, war einfach so vulgär, dass ich ihn lieber hängen würde, als ihm zu helfen«, schreibt Baldwins Freundin Maya Angelou in ihren Erinnerungen. Baldwin erwidert: »*Seele auf Eis* ist ein sehr wichtiges Buch, und du darfst nie vergessen, dass es immer der Sohn ist, der den Vater tötet.«[10]

In *No Name in the Street* artikuliert Baldwin ungebrochene Sympathie für die Black Panthers. Ob seine Romanfigur Leo Proudhammer (in *Tell Me How Long the Train's Been Gone*, 1968) mit seiner Ambivalenz gegenüber den jungen Radikalen nicht die klügere Haltung eingenommen hat? Dass nicht nur James Baldwin, sondern auch Prominente wie Marlon Brando, Jane Fonda, Jean Genet oder Leonard Bernstein die Black Panther Party in der einen oder anderen Form unterstützten, sagt viel über den *radical chic* (Tom Wolfe) der siebziger Jahre. Fraglich, ob es zur Inspiration fürs 21. Jahrhundert taugt.

9 Eldridge Cleaver [1966], *Soul On Ice*. New York: Delta 1999; vgl. auch Leeming, *James Baldwin. A Biography*.

10 Maya Angelou [2002], *Mit jedem Schlag unserer Flügel*. Übersetzt v. Marieke Heimburger. Berlin: Suhrkamp 2024.

Die real existierende Integration

Es fehlte nicht viel, und Martin Luther King Jr. hätte zumindest einmal mit Malcolm X zusammengearbeitet. Nach Jahren, in denen beide einander mieden, schon um ihre jeweiligen Anhänger nicht zu verschrecken, standen sie Ende Juni 1964 miteinander in Kontakt. Ob sie gemeinsam eine Erklärung der Vereinten Nationen zur ungerechten Behandlung der Schwarzen in den USA unterstützen würden, war das Thema. Hätten sie einander tatsächlich getroffen – »der radikale King wäre wohlbekannt«.[11]

Der Theoretiker und Politiker Cornel West macht in einem Sammelband mit Primärtexten einen King wieder sichtbar, der hinter dem Nationalheiligen, der aus ihm geworden ist, verborgen war. Cornel Wests MLK ist revolutionär und antikolonial, ein demokratischer Sozialist. Die wichtigsten Belege: Kings Eintreten für die Umverteilung von Wohlstand und seine Opposition gegen den Krieg, den die USA in Vietnam führten – beides Positionen, die den Friedensnobelpreisträger bei seinen liberalen und konservativen Unterstützerinnen Sympathien kosteten.

Malcolm X wiederum schwor in jener Phase seit 1964, die seine letzte werden würde, dem separatistischen Programm ab, das er als Sprecher der Nation of Islam vertreten hatte. Der Kampf für bessere Ernährung, Ausbildung, Wohn- und Arbeitsmöglichkeiten, gegen die Misere der Schwarzen in den amerikanischen Städten bildete weiter den Kern seines Aktivis-

11 Cornel West, *Introduction: The Radical King We Don't Know*. In: Ders. (Hrsg.), *The Radical King. Martin Luther King, Jr.* Boston: Beacon Press 2015.

mus. Neu waren – schon vor seinen Reisen nach Ghana und Mekka, und erst recht danach – Sätze wie dieser: »Ich glaube an Menschen und daran, dass alle Menschen als solche respektiert werden sollten, unabhängig von ihrer Hautfarbe.«[12]

James Baldwin sah früher als andere, dass King und Malcolm X und er selbst »in der gleichen Situation gefangen« waren: dass unter einer Herrschaft namens *white supremacy* Differenzen zwischen oppositionellen Kräften überbrückt werden können.

Unterschiede zu überbrücken, tilgt die Unterschiede nicht. Wer Schnittmengen erkennt, sieht dennoch voneinander unterschiedene Kreise. Die Pole, die Malcolm X und Martin Luther King verkörpern, sind klar: orientiert an der Partikularität der Afroamerikaner der eine, der andere orientiert an der universalen Geschwisterlichkeit der Menschen. In James Baldwins Werk finden beide Pole Raum – kein theoretisches Werk, das die Widersprüche zwischen Partikularismus und Universalismus ausdrücklich diskutieren und, womöglich restlos, auflösen würde. Bei Baldwin stehen die beiden Pole nebeneinander, nicht selten unvermittelt.

Mitten in *No Name in the Street*, diesem Essay, der auch Black Nationalists Sympathie ausspricht, überschreitet der Autor immer wieder ganz selbstverständlich die Grenzen von Bevölkerungsgruppen: »Fragen Sie irgendeinen Mexikaner, irgendeinen Puerto-Ricaner, irgendeinen Schwarzen, irgendeine arme Person – fragen Sie die Elenden, wie es ihnen in den Hallen der Justiz ergeht, und dann werden Sie zwar nicht wissen, ob das Land gerecht ist oder nicht, aber ob es irgendeine Liebe zur Gerechtigkeit hat, oder irgendeine Vorstellung davon.«

Wobei Baldwin auch andere Minderheiten als die Schwarzen in ihren Besonderheiten wahrnahm. Die Native Americans bedenkt Baldwin in vielen seiner großflächigen Vermessungen der US-Geschichte. An ihnen hatte das weiße Amerika seine Fähigkeit zur Ausrottung bewiesen. Von daher betrachtet, scheint die blutige Versklavung und Ausbeutung von Afroamerikanern wenig überraschend. Zu den algerischen Migranten empfand Baldwin während seiner frühen Jahre in Frankreich eine bestimmte Nähe: Sie lebten, wie er es aus Harlem kannte, in Armut – »in Paris sind *les misérables* die Algerier«. Und sie waren dem Rassismus französischer Prägung, eher als die Schwarzen, am direktesten ausgesetzt. Während Frankreichs Kolonialmacht an den Fronten des Indochinakriegs bröckelte, wurde der Zugriff der Pariser Polizei auf Menschen, die mehr oder weniger »arabisch« aussahen, erbarmungslos: »Ich hatte beobachtet, wie die Polizei an einem sonnigen Nachmittag einen alten arabischen Erdnussverkäufer mit amputiertem Arm auf der Straße bewusstlos schlug, und ich hatte die unbekümmerten Gesichter der Franzosen auf den Caféterrassen beobachtet, und die verstörten Gesichter der Araber.«[13]

Diejenigen anderen Anderen, die Baldwin wohl am häufigsten erwähnt, sind Jüdinnen und Juden. Nachdem seine engsten, teils bleibenden Highschool-Freundschaften in der Bronx sich mit

12 Zit. n. Britta Waldschmidt-Nelson, *Malcolm X. Eine Biographie*. München: Beck 2015.

13 Baldwin, *No Name in the Street*.

jüdischen Mitschülern entwickelt hatten, warf er 1948 in seinem ersten Essay und seiner ersten Short Story Seitenblicke auf das Verhältnis zwischen Schwarzen und Juden in Harlem. In *The Harlem Ghetto* stellt Baldwin einerseits fest, dass die frommen afroamerikanischen Christen sich mit der Leidensgeschichte der Juden identifizierten, die sie in den alten biblischen Geschichten sahen (wie in der Spiritual-Zeile »let my people go«). Andererseits beobachtet er ein verbreitetes Ressentiment von Schwarzen gegen Jüdinnen und Juden, das er auf die gesellschaftlichen Rollen zurückführt, in denen Juden in Harlem Schwarzen begegneten – nicht abstrakte Stereotype werden hier heraufbeschworen, sondern konkrete Interaktionen in einem räumlich und zeitlich bestimmten Gebiet benannt: als Kleinhändler, Mieteintreiber oder Pfandleiher. Geschäftsleute aber, so Baldwin, handelten auch in diesem Fall gemäß der amerikanischen Business-Tradition der Ausbeutung von Schwarzen, weshalb sie nicht als Juden, sondern als weiße Amerikaner dafür gehasst würden.[14]

Die Kurzgeschichte *Previous Condition* zeigt einen jungen Schwarzen Schauspieler, Peter, mit einem jüdischen Freund namens Jules Weissman. Peter wird aus seiner Wohnung geworfen, weil die Vermieterin keine Schwarzen in ihrer Nachbarschaft duldet. Jules unterstützt seinen Freund nach Kräften – was Peter nicht eindeutig annimmt. Er fragt, »können

14 James Baldwin, *The Harlem Ghetto* [1948]. In: Ders., *Notes of a Native Son*. Boston: Beacon Press 2012 (*Von einem Sohn dieses Landes*. Übersetzt v. Miriam Mandelkow. München: dtv 2022).

wir wirklich Freunde sein?«[15] – während Jules in entwaffnendem Indikativ feststellt: »Wir sind Freunde [...], keine Sorge.« Beide Texte sind zuerst in der vom American Jewish Committee gegründeten Zeitschrift *Commentary* erschienen. Und beide Texte versuchen, ohne starke eigene Wertung, die spannungsvollen Beziehungen zwischen den Schwarzen und jüdischen Bevölkerungsgruppen im Harlem der Jahrhundertmitte zu analysieren. Baldwin wird diese Aufgabenstellung verschiedentlich wieder aufgreifen.[16]

Ein Beispiel noch für die Spannung zwischen Schwarzer Gruppenidentität und Orientierung am Allgemeinen. Im zentralen Liebespaar von Baldwins Roman *Ein anderes Land* prallen zwei Perspektiven aufeinander, die man partikular (Ida) und universal (Vivaldo) nennen kann. Keiner der beiden Figuren möchte man nacheifern. Idas Hass auf weiße Männer, mit ihrem verstorbenen Bruder im Herzen, wird verständlich – aber Glück bringt er niemandem. Vivaldos Farbenblindheit, auch wenn sie gut gemeint ist, wird ein Schwarzes Publikum, wie Ida, als Ignoranz verstehen. Als wäre diese Lage nicht komplex – oder verfahren – genug, trägt Baldwin in *No Name in the Street* einen Satz nach, der wie ein Echo auf die Streitereien von Ida und Vivaldo klingt: »Nacktheit hat keine Farbe.«

Darin steckt nun nicht die Behauptung, *race* spiele auf einmal doch keine wesentliche Rolle. Baldwin ergreift nicht im Essay rückblickend die Partei seiner Romanfigur Vivaldo. Vielmehr fasst der Satz folgende Erfahrung in Worte: Liebe kann sich auch da ereignen, wo sie die Grenze zwischen Schwarz und Weiß überschreitet. Wer sich darauf einlässt, wer einen Teil der kulturellen Rüstung zumindest für Momente ablegt, kann mit den eingeübten Befangenheiten des *race*-Konzepts nichts ausrichten – »das kann nur für diejenigen eine Neuigkeit sein, die noch nie einen anderen Menschen bedeckt haben oder noch nie von einem bedeckt wurden«. Baldwins Liebe ist so körperlich wie politisch.

Eine der grundlegenden Alternativen in den Debatten jener Jahre, befeuert von den Schwarzen Nationalismen, lautete: Integration oder Separation der Afroamerikaner? Auch diese Polarität verkörperten, jedenfalls für eine bestimmte Öffentlichkeit, Martin Luther King (Integrationist) und Malcolm X (Separatist). James Baldwin gab dem Entweder-Oder eine andere Wendung. Er schnappte bei seiner ersten Reise durch den Süden etwas auf, das er seither immer wieder erzählte. »›Integration‹, sagte ein sehr hellhäutiger Schwarzer zu mir in Alabama, ›hat im Süden immer sehr gut funktioniert, nachdem die Sonne untergegangen ist.‹«[17] In einer späteren Fassung schreibt er den Spruch, leicht variiert, einer weisen Schwarzen Frau zu: »Weiße hassen

15 James Baldwin, *Previous Condition* [1948]. In: Ders., *Going to Meet the Man. Stories* [1965]. New York: Vintage 1995.

16 Vor allem in einem Artikel im *New York Times Magazine* von 1967, unter dem nicht gut zum Text passenden Titel *Negroes Are Anti-Semitic Because They're Anti-White*. In: James Baldwin, *Collected Essays*. Vgl. Ben Ratskoff, *James Baldwin's Black Critique of Jewish Whiteness*. In: *Jewish Studies Quarterly*, Nr. 27/3, 2020.

17 James Baldwin, *Nobody Knows My Name: A Letter From the South* [1959]. In: Ders., *Nobody Knows My Name. More Notes of a Native Son*.

Schwarze nicht – wenn sie es täten, wären wir alle Schwarz.«[18] Und im Roman *Just Above My Head* heißt es: »Nicht alle Kinder des Sheriffs sind weiß, dieses Wissen stand vor aller Augen. Nicht alle Kinder meiner Mutter sind schwarz. Dieses Wissen, welches dasselbe Wissen ist, stand ebenfalls vor aller Augen, aber mit einem Unterschied.«[19]

Heißt: Während all der Jahrhunderte von Plantagenregime, Jim-Crow-Herrschaft und Segregation gab es Sex zwischen Schwarzen und Weißen – die längste Zeit davon unter Einsatz von Gewalt, Zwang, Macht, Verleugnung. Die so verstandene Integration, dieses anhaltende, teils brutale Begehren prägt die Bevölkerung – vor allem, aber nicht nur – in den Südstaaten seit langem. Baldwins minutiöse Beschreibungen von Hautfarben haben auch diesen Grund: Sie sprechen aus, was bis in seine Tage tendenziell das nur geflüsterte Wissen etwa um eine vergewaltigte Großtante geblieben war. In *No Name in the Street* schreibt Baldwin über die Früchte dieses Begehrens, wie Vivaldo über Ida schwärmt: »Mädchen in der Farbe von Honig, Männer fast in der Farbe von Kreide, Haare wie Seide, Haare wie Baumwolle, Haare wie Draht, Augen blau, grau, grün, haselnussbraun […], schmale Nasenlöcher, […] breite Lippen, dünne Lippen, jede erdenkliche Variation in unglaublicher Bandbreite – im Südland konnte man nicht hoffen, ein Geheimnis zu wahren!«

Der feierliche Ton der Aufzählung mag dazu verführen, darin einfach eine Feier der Vielfalt, der Einheit in Vielheit zu hören. Und sicher hat der ehemalige Jugendprediger den Glauben an ein geschwisterliches Band zwischen den Menschen nicht aufgegeben. Aber zu keinem Zeitpunkt kann der Universalist in Baldwin die blutige Geschichte der speziellen, real existierenden Integration vergessen. Eine der bündigsten Formulierungen zum Verhältnis zwischen Schwarzer Community und weißer Mehrheitsgesellschaft ist Baldwin einmal ausgerechnet auf dem Parkett der US-amerikanischen Bundespolitik gelungen. Im März 1969 tritt er gemeinsam mit der Bürgerrechtlerin Betty Shabazz, Malcolm X' Witwe, vor einem Unterausschuss des Repräsentantenhauses auf (Malcolm hatte seinen Namen nach der Mekka-Reise in El-Hajj Malik El-Shabazz geändert). Die beiden unterstützen eine Gesetzesvorlage zur Einrichtung einer nationalen Kommission für afroamerikanische Geschichte und Kultur. In Baldwins Statement stehen die Personalpronomen »ich« und »Sie«, wie so oft, für ganze Gruppen: »Wenn wir eine *multiracial* Gesellschaft gestalten, was unsere einzige Hoffnung ist, dann muss man akzeptieren, dass ich viel von Ihnen gelernt habe, und viel davon ist bitter, aber Sie haben viel von mir zu lernen, und viel davon wird bitter sein. Diese Bitterkeit ist unsere einzige Hoffnung. Sie ist der einzige Weg, sie hinter uns zu lassen.«[20] Unklar, ob es Versöhnung gibt. Aber es gibt keine Alternative dazu, genau das anzunehmen, was unverzeihlich scheint.

18 James Baldwin, *The Evidence of Things Not Seen* [1985]. New York: Picador 1995.

19 James Baldwin, *Just Above My Head* [1979]. London: Penguin 2018.

20 James Baldwin [1969], *The Nigger We Invent*. In: Ders., *The Cross of Redemption. Uncollected Writings*. Hrsg. v. Randall Kenan. New York: Vintage Books 2010.

Maschkera

Von Sibylle Severus

Niemand kennt Olga Fürst. Eine Touristin, denken die Einheimischen, wenn sie die Frau überhaupt wahrnehmen.

Unbehelligt geht das Ehepaar Fürst zum Wasserfall. Es hält Ausschau nach Aurikeln, nach den dottergelben Alpenblumen, die sich auf exponierten Felsbändern festkrallen. »Schmalzer« ist der Name für die fetten *Primula auricula* bei den Hiesigen, und alles an ihr, von der Blüte bis zur Wurzel, ist hochgiftig. Die Blumen leuchten wie Gold vor grauem Fels. Jahr für Jahr kraxeln die Jungen durch brüchiges Gestein, brocken die Schmalzer und stecken sie an ihre Hüte, auch heute noch.

Ein älteres, fremdes Paar steht am hölzernen Geländer und sucht mit den Augen die Felswand hinter dem Wasserfall ab.

»Nichts!«, sagt der Fremde, »ich habe vergessen, ob sie vor oder nach den Enzianen blühen.«

»Gibt es wirklich Touristen, die genau wissen, wo unsere Schmalzer wachsen?«, fragt die Fürst leise ihren Gatten, der mit den Schultern zuckt.

Der Fremde, nicht größer als Olga Fürst, dreht den Kopf, als wittere er Parfüm.

Er sieht die Frau forschend an. Streng schauen sie einander ins Gesicht: »Franz!«, ruft die Frau. »Olga!«, ruft der Mann.

Sie fallen einander in die Arme, vor tosendem Wasser, vor ihren perplexen Gatten, an uraltem Hexenort. Olga hüpft vor Freude, trotz der Abgründe ringsherum.

Doch Franz klagt: »Ausgerechnet wenn ich meiner Kindheitsfreundin, meiner Jugendliebe, nach so vielen Jahren begegne, muss mir ein Zahn fehlen – ausgerechnet heute!«

»Die Zahnlücke sieht man kaum, ist doch egal«, lacht Olga.

»Ist nicht egal«, sagt der Mann finster, »mir eben nicht!« Noch vor dem stäubendem Wasserfall beginnt das Erzählen, das Aufwickeln von Fäden, schreiend, das Tosen übertönend.

Der Weg hinunter ins Tal ist schmal. Die vier gehen hintereinander, setzen vorsichtig Fuß vor Fuß wie die Kühe beim Almabtrieb. Reden über Schultern zurück, rufen nach vorn, Enziane, die vielen Enziane – wie Tintenspritzer –

Franz schreit nach hinten: »Die Schmalzer blühen noch nicht, ist zu früh.« –

»Oder zu spät«, ruft Olga.

»Weißt du noch?«, sagen sie. »Schau nur! Das ist«, sagen sie.

Komm, spiel was! sagt die Fürst zu Franz, als sie im Kindheitshaus angekommen sind.

Das Haus, ein gestrandetes Schiff. Olga muss aus dem Ausland anreisen, wenn an dem Fass ohne Boden etwas birst oder rinnt oder Dachlawinen Bürger gefährden.

»Diese Unordnung, grauenhaft!«, sagt Olga, »wir sind ja nie hier, und das Klavier ist natürlich verstimmt.« Als der schwarze Deckel zurückgeschlagen wird, liegt dicker Staub in den Ecken der Tastatur. Franz schraubt den runden Sitz des Klavierhockers hoch.

»Wie in alten Zeiten«, sagt er. Das Kind in ihm jagt den Sitz hinauf und hinunter, bis er wie toll aus dem Fuß springt und polternd davontorkelt. Franz lacht sein opulentes Lachen, er hat es nicht verlernt.

Und dann sagt Franz, er könne nichts, habe seit Jahren kein Klavier mehr angerührt.

»Wieso? Du bist doch Pianist!«, ruft Olga.

»Wieso, wieso – ich habe kein Instrument.«

»Aber, ihr seid doch nicht arm?«

»Nein, wir sind nicht arm.«

»Spiel einfach!«, sagt Olga, »Ich möchte den alten Kasten hören! Spiel irgendetwas, Tonleitern –«

Franz schraubt den Stuhl zusammen und setzt sich.

Das große Zimmer ist ungeheizt und mehr Magazin als gastlicher Raum.

Die Hälfte der kleinen Gesellschaft ist sich fremd, ist überrumpelt, leidet mit Franz, der nicht spielen mag. Endlich strafft er die Schultern, hebt den Kopf, tippt mit zwei Fingern die Tasten an. Töne, leicht wie Rauchringe, lässt er los, bevor er davongaloppiert, Hürden und Gräben überfliegt, sich zügelt, Geschichten erzählt, den Raum mit Sang und Klang und Saus und Braus erfüllt.

»Wahnsinn!«, flüstert Olgas Gatte. Die Vasen auf den Möbeln tänzeln. Begeisterung drückt die drei in die Stuhllehnen.

»Weißt du noch?«, fragt Franz, ununterbrochen spielend.

»Ihr müsst unbedingt ein Klavier kaufen!«, sagt die Fürst.

Das wolle sie schon lange, meint die Gattin von Franz.

Er zischt nach hinten, darüber diskutiere er nicht.

»Du und ich«, sagt er; er dreht den Kopf zu Olga, »wir waren wie Geschwister!« und improvisiert über das Kinderlied *Hänschen klein.*

Dem Gatten Olgas erklärt er über die Schulter: »Unsere Mütter spielten Nebenrollen, aber wir liebten sie. Meine Mutter war eine große Frau, der nach jeder Operation wieder ein neuer Kropf wuchs, unaufhaltsam wie die Frucht am Baum. Wir Kinder mochten den Kropf und lachten Tränen über ihn, die Mutter lachte mit.«

»Meine Mutter«, sagt Olga zu Franz' Gattin, »war eine zierliche Frau, ein elegantes, schmales Boot, das auf den Wogen des Ortes dahinfuhr, oft geschüttelt, manchmal hochgeworfen, so dass jedermann zu Hilfe eilte, man konnte gar nicht anders. Die Mütter waren keine Einheimischen, sie waren eingeheiratet. Über sie hörten wir voneinander. Es gab viele Jahre, in denen wir uns nie begegnet sind.«

Da stehen die beiden sich fremden Gatten gleichzeitig auf. Sie gingen etwas trinken, sagen sie, sie hätten Hunger und Durst.

Wie Geschwister, wiederholt Franz, als sie allein sind.

Er dreht sich mit dem Klaviersitz dreimal im Kreis.

»Gefunkt hat es erst viel später«, sagt er.

»Wieso?«, fragt Olga streng.

Im hohen Raum ist es so ganz ohne Musik wieder kalt.

»Die Geschichte mit dir war«, sagt Franz.

»Mit mir war keine Geschichte!«, protestiert Olga.

Der Klavierspieler steht auf und wirft sich in einen Fauteuil.

»Das sind die alten grünen Sessel!«, lacht er.

Beide legen ihre Köpfe auf die Lehnen, die Füße auf das Holzkreuz unter dem Tisch, ihre Erzählstellung seit je. Schweigend betrachten sie einen klaffenden Riss oben in der Wand.

Er sei vom Erdbeben, sagt Olga: »Ich war damals zufällig hier. Die Lampen kreisten wie besoffen, das Klavier hat geächzt und gestöhnt, die Saiten wimmerten. Sekunden nur, aber lange –«

Olga und Franz sprechen ziemlich schnell. Oft reden sie gleichzeitig, lassen Satzteile weg, erfinden Wörter. Kindheitssprache. Zungen, die in Wirklichkeit nie eins gewesen waren, sind eines Geistes. Olga sagt, es sei wie eine delikate Mahlzeit, die gleiche Sprache zu sprechen. Die Fremdsprache die ganze Zeit, wie ginge sie ihr auf die Nerven. Immer sei der eigene Tonfall zu wenig straff oder zu wenig singend, und oft fehle die alles entscheidende Redewendung. Sie könnte tagelang mit ihm so weiterreden.

»Der fehlende Zahn, das ist meine einzige Trübsal!«, sagt Franz.

»Erinnerst du dich, wie wir am Fenster standen und über alles lachten, was sich unten bewegte, wenn zum Beispiel Schnirpsbobbel vorbeiglitt –«

»Ach, der Schnirpsbobbel! –, Franz, warum spielst du, auch ohne zu üben, wie ein Gott? Es hat sich doch jede Zelle in uns erneuert. Sind wir überhaupt noch wir?«

»Ich denke, ich bin noch Franz: Ein Mann in den Fünfzigern, der die Form eines Ovals hat, als Ganzes gesehen – du schüttelst den Kopf –, es ist die Wahrheit. Die Farben seiner Kleider, reiner Herbst. Deodorants mag er nicht, und er liebt Strickjacken; dazu die Wolken von Zigarettenrauch. Nicht attraktiv für Frauen.

Nach einer längeren Anlaufzeit hatte ich trotzdem Freundinnen, lebte mit Frauen, die mich anziehend fanden, mich oder mein Klavierspiel. Damit versetzte ich die Damen in Begeisterung. Sie wurde auf mich übertragen, eine Stimmung mit meiner Stimmung verwechselt. Ich hatte mir jedoch immer gewünscht, dass meine Person als solche geliebt würde, als Franz, der keinen Ton spielen kann, der überhaupt nichts kann –«

»Als Franz, dem ein Zahn fehlt«, spottet Olga. »Recht hatten die Frauen, dein Spiel, das bist DU! Und es ist so viel mehr als Brot und Not und Tisch und Bett. Wir erfahren durch dein Spiel, wie Liebe sein könnte; meinen, du öffnetest für uns den Himmel. Doch du meinst uns gar nicht, denkst an niemanden. Bist einfach ein Gefäß, in das Töne hinein- und wieder herauslaufen.«

Das Gefäß folgt mit den Augen den Stuckornamenten an der Decke.

»Nur Olga kannte sich in Franz aus«, sagt er, »sie hörte, nein, sie erlebte Musik wie er, wie sonst niemand. Olga, Olga, ausgerechnet heute –«

»Hör auf! Das Einzelkind Franz wurde doch nie von Geschwistern infrage gestellt, es wurde geliebt und verwöhnt. Sein Selbstwertgefühl ist auch heute fest und glänzend wie ein frischgeernteter Apfel. Der Franzl musste sich nie um Liebe und Anerkennung bemühen, die stand dem Kronsohndl einfach zu.

Und das Olgalein – das ich einmal gewesen bin, war ähnlich: getragen von innerer Heiterkeit bei äußerster Wildheit. Wir beide waren ein gutes Gespann –«

»In unerklärlicher erotischer Abstinenz«, sagt Franz.

Olga springt auf. Sie geht im Raum auf und ab.

Der Freund hatte in ihr nie die geringste erotische Regung ausgelöst. Ihre Abstinenz war ganz natürlich.

Franz war ein Jahr jünger gewesen und daher kleiner, das spielt für Kinder eine Rolle. Er war für sie, die auch kein Geschwister hat, der geliebte, der fehlende Bruder.

Abwehrend sagt sie und versucht, den Mann in ihm nicht zu kränken: »Du warst heftig in deinen Bewegungen, leidenschaftlich in den Reaktionen, mit einer Mischung aus echter Anteilnahme und kaltem Registrieren. Vor dem Fremden in dir hatte ich manchmal Angst. Ich hatte keine Übung mit Männern und kaum eine Erinnerung an den verstorbenen Vater.«

Der Mann denkt oder schläft oder ist ein Holz.

Olga überlegt, ob etwas Besseres im Haus sei als altes Mineralwasser. Sie bringt zwei Gläser eisigen Leitungswassers. Güteklasse 1A, sagt sie, das gebe es in der Stadt nicht. Dabei fiele ihr ein merkwürdiges Erlebnis ein.

Doch Franz hat bereits begonnen zu erzählen: »Die Musik! Es hat mich nichts anderes interessiert. Die Schule, da grauste es mir schon, wenn ich das Leder, die Äpfel – jeder hatte einen Apfel – und die Bodenwichse roch. Die Schule war mir zuwider. Was mich interessierte: nachts der Sternenhimmel, die Kiesel unter dem Wasser, die Stromschläge der Musik, alles, was mir eine Ahnung vom Kosmos, von einer anderen Welt vermittelte. Aber das interessierte niemanden. Ich habe neunzig Prozent dessen, was mein Leben ausmachte, für mich behalten und in meinem Gedächtnis gespeichert, und ich konnte mir Musik früh durch Anhören einverleiben. Aus der Bahn geworfen wurde ich, als meine erste Frau und ich ein Kind erwarteten, unverheiratet. Ich musste Verantwortung übernehmen und das Musikstudium abbrechen.«

Olga sagt, sie müsse genau an diesem Punkt ein Erlebnis einfügen, das beim Trinken des eiskalten Wassers wie ein Delfin wieder in ihr aufgetaucht sei.

Mit den Fransen der Tischdecke flicht sie mehrere Zöpfchen, bevor sie beginnt: »Du und ich, wir hatten uns aus den Augen verloren. Wussten von den Müttern, dass jeder verheiratet ist, wussten von Kindern und lebten in verschiedenen Ländern unser verschiedenes Leben.«

»Wie viele Kinder haben wir, zusammengezählt?«

»Meines Wissens sind es fünf«, sagt Olga, »Soll ich weiter? –

Aus dem Ausland kommend, war ich wegen des Hauses hier. Zufällig war Fasching.

Abends wollte ich einer *Gun'gl* zuschauen, an der sich die jungen Mädchen zum Tanz mit den Maschkera in den Gasthäusern einfinden. Alte Volksmusik wurde gespielt, nichts, was Touristen verstehen. Masken, in den Gewändern der Vorfahren, die oft ebenso alt waren wie die kunstvoll geschnitzten Larven, kamen in Gruppen herein, stampften ihren eigenen Rhythmus, juchzten, musterten stehend die sitzenden Frauen. Der eine oder andere holte sich eine Tänzerin. Oft stimmten zwei, drei Maschkera den Fosenachts-Jodler an, bevor die Hexen, Bärentreiber, Fleckerlgwander, Weiberleut weiterzogen.

Ich war entzückt wie eine Ausländerin und gerührt wie eine aus der Fremde Heimgekehrte. Bald fiel mir ein Tänzer auf, so groß wie ich, ein *Jäger*, der sich Mädchen um Mädchen holte. Einen Unterarm auf dem Rücken, tanzte er leicht und elegant. Er bewegte sich in tiefem Einklang mit der Musik. Im Kontrast zum ernsten Gesicht seiner Larve wirkte die Gestalt jung, verwegen: ein Pan aus einem Ballett.

Die Mädchen am Tisch erzählten mir (von der sie glaubten, ich sei eine Fremde), es herrsche das Gesetz, unter keinen Umständen erkannt zu werden. Die Männer entledigten sich Schlag Mitternacht der Masken im Verborgenen, selbst die Ehefrauen wüssten nicht, welcher Maschkera ihr Mann gewesen war. Die Männer veränderten Gang und Gestik, sie *raunzten* mit Kehl- und Falsettlauten, statt zu reden. Einheimische Frauen gingen dagegen niemals Maschkera. Wurde eine Frau erwischt, wurde sie ›g'scheitelt‹ – mit Holzscheiten beworfen, mit Wasser übergossen.

›Toll!‹, sagte ich zu den blutjungen Schönen und wie absonderlich die großen Mannsbilder seien, wenn sie als Weiber verkleidet mit ihren weit ausgreifenden, schweren Schritten daherkämen. Du liebe Zeit, Franz, wie hatte ich Angst, wenn die Maschkera auf Leitern stehend von außen an unsere Fenster pochten und starre Holzgesichter aus großen Augen hereinglotzten. Hab heute noch Herzklopfen.«

Franz lacht, natürlich hätten er und seine Freunde zu gern zu Olgas Fenstern hereingeschaut.

»Tatsächlich? – Plötzlich stand der begnadete Tänzer vor meinem Tisch und zeigte auf mich. Mit einem Schlag wusste ich, dass du, der Vollblutmusiker, unter dem Kostüm steckst. Dachte, dass es das spannendste Spiel werden würde, das wir je gespielt hatten.

Der Jäger führte mich beim Tanzen machtvoll wie jubelnd, doch eisern schweigend.

Er wurde nicht müde, aber Olga wurde es bald schwindlig von der Dreherei.

Der Maschkera schob mich auf die Straße. Die kalte Winterluft beruhigte meinen Schwindel, das Glühen nicht. Olga loderte vor Begeisterung über das Wiedersehen, über das verwegene, verschwiegene Abenteuer mit einem Franz, dessen Wesen ich auf eine ganz neue Weise begriff.

Weit oben, ein grandioser Berghimmel, gespickt mit funkelnden Sternen, mittendrin ein Mond. – Nein, er war nicht rund. –

Die Maske führte Olga, einen Arm um ihre Taille gelegt, zum Fluss. In der Mitte der Brücke lehnten sich die beiden über das Geländer und sahen hinunter. Hörten dem Getöse des Gebirgswassers zu, das schwarz zwischen den Pfeilern hindurchschoss.

Olga hatte mit keiner Geste verraten, dass sie im hinreißenden Tänzer Franz, den Vertrauten, entdeckt hatte. Ein Taumel von Gefühlen verwirrte sie.

Der Mann lehnte sich mit dem Rücken gegen das Geländer. Plötzlich zog er mit dem rechten Arm die Frau fest an sich, mit der linken Hand schob er mit einem Ruck ihren Rock hoch. Augenblicklich erfasste ich oder die Kindheits-Olga den Irrtum: ein Blitz, der von den Haaren bis in die Zehen fuhr, der ganze Körper begriff: Der Tänzer war ein Fremder!

Ich gab der Maske mit beiden Händen und dem Knie den kräftigsten Stoß, zu dem ich imstande war, und sprang davon.

Als ich endlich zurückschaute, war der Mann vom Erdboden verschluckt. War er über das Geländer in den Fluss gestürzt? Mit einem Schrei, der im Brausen des Wassers nicht zu hören gewesen war? Lag er, noch lebend, dort unten?

Ich lief hinunter, rannte am Ufer auf und ab, heulend und lamentierend. Das hatte ich nicht gewollt! Der Maschkera hatte denken dürfen, die Touristin habe das Gleiche gesucht wie er. Er konnte nicht wissen, dass ich ihn mit meinem Kindheits-Bruder verwechselt hatte, der mir niemals derart unverschämt zwischen die Beine gefasst hätte. Als alles Suchen vergeblich war, gab die verstörte Olga dem Fluss die Hand, als müsse der ihr oder sie ihm etwas versprechen. Sie fasste in glasfestes, eisiges Wasser, hielt das aus, bis sie die Kälte nicht mehr spürte. Hätte ohne weiteres ausrutschen und ertrinken können.«

»Hast du den Maschkera umgebracht?«, fragt Franz.

»Ich weiß es bis heute nicht. Es wurde keine Leiche angeschwemmt. Es wurde niemand vermisst. Nichts! Ich habe mir sogar ein Jahr lang die Kreiszeitung nachschicken lassen –«

»Pass auf, Olga, auf der anderen Seite der Brücke geht es steil auf den Berg. Dort wird der Mensch den Schmerz vom Kniestoß herausgeheult haben. Und bevor die Glocken Mitternacht schlugen, musste er ohnehin verschwunden sein, damit er die Maske abnehmen konnte, ohne erkannt zu werden. Nach zwölf Uhr wächst die Larve nämlich ans Gesicht, wenn man sie dann noch trägt ... Wenn du, liebe Olga, die Geschichte nicht einfach erfunden hast, um mich von jeglicher Liebesbeteuerung abzuhalten?«

»Oder«, sagt Olga, »oder, wenn du, lieber Franz, nicht tatsächlich der Mann unter der Maske gewesen bist? Dich aber leider so anders wie ein Bruder verhalten hast?«

»Das war wann?«, fragt Franz. Olga nennt das Jahr.

Nach einer langen Pause, in der unten auf der Straße Gelächter zu hören ist, sagt er: »Anfang März desselben Jahres hatte ich einen Autounfall. Es war meine Schuld. Meine erste Frau starb. Wir waren nicht angegurtet.«

»Ich hörte davon, Franz – und ich war erleichtert, als eines Tages meine Mutter erzählte, deine heutige Gattin sei den kleinen Kindern eine gute Mutter geworden, und deiner Mutter eine Freundin –«

»Dafür bin ich tief dankbar.

Im Augenblick des Unfalls prallte mein Kopf so heftig auf das Lenkrad, dass es zerbrach. In der Zeit, als mir die Sinne schwanden, bis zu der Wahrnehmung der Glassplitter, die auf die Straße klirrten, in dieser sekundenkurzen Zeit ist das ganze Leben vor mir abgelaufen. Ich selbst war in gleißendes Licht gehüllt, war grenzenlose Energie, wurde in eine von uns nicht vorstellbare Dimension katapultiert. Das war ein metaphysisches Urerlebnis – etwas unvorstellbar Schönes! Es gibt keine Worte dafür.«

»Du meinst, es existiert noch etwas anderes?«, fragt Olga.

»Unbedingt!«, sagt Franz.

Beide stehen gleichzeitig auf und gehen zum Erker. Rücken an Rücken sieht jeder zu einem anderen Fenster hinaus. Olga denkt konzentriert darüber nach, wie schwierig solche Aussagen einzuordnen sind, ohne den anderen gleich für verrückt zu halten.

Franz sagt mit seiner tiefen, mit seiner ganz normalen Stimme, es wäre gescheiter gewesen, sie beide hätten geheiratet.

Ohne nachzudenken antwortet Olga, das glaube sie nicht.

»Was gewesen wäre, wenn – darüber spekuliere ich nicht, Olga. Ich wollte lediglich die Feststellung machen: *Wir beide hätten heiraten sollen!*«

Aufmerksam sehen zwei Leute auf eine menschenleere Straße hinunter.

»Nach dem Tod meiner ersten Frau kam ein bedeutender Musiker auf mich zu«, sagt Franz, »Er wollte mich auf eine internationale Karriere vorbereiten. Die Chance verträumte ich. So wie ich war, fand ich mich richtig. Ich hatte nie besondere Lust, ein Pianist unter Tausenden zu sein. Elektroniker wurde ich und vergaß mein Talent. Ich hatte nie besondere Lust, mein Innerstes zu teilen, außer mit Olga. Die Chance, die mir geboten worden war, ließ ich ungenutzt. Auch das stelle ich bloß fest, ich bedaure es nicht.«

Olga geht zum Büchergestell, das am Umsinken ist, ein schiefer Turm, dessen endgültiges Einbrechen sie bei jedem neuen Besuch erwartet.

Sie nimmt ein Buch heraus, sagt, sie lese einen Satz von Kafka vor, der könnte von Franz direkt für Franz geschrieben worden sein: »*... vielen (Pianisten) scheint ein Sieger lächerlich, weil er sich aufbläht und doch nicht weiß, was anzufangen mit dem ewigen Händeschütteln, Salutieren, Sich-Niederbeugen und In-die-Ferne-Grüßen*«.

Franz lacht laut, und Olga kommt zurück in den Erker.

Der Abend ist in bleiernes Licht getaucht, ohne jeden Schatten.

Niemand ist dort unten auf der Straße, der sehen könnte, wie sich zwei Menschen hinter Fenstern umarmen und reglos stehen: Geschwister.

Als die Gatten zurückkommen, meint die Frau von Franz: »Ihr zwei hättet heiraten sollen.«

»Natürlich nicht!«, sagt Olgas Mann. »Das hätte keiner von beiden ausgehalten. Solche Geschichten sind irgendwann vorbei.«

»Stimmt!«, sagt Franz, »und es ist auch alles gesagt.«

Die kleine Gesellschaft verabschiedet sich vergnügt, will sich wiedersehen – spätestens im nächsten Jahr, wenn die Schmalzer blühen –, schüttelt Hände, umarmt sich, winkt.

Franz dreht sich noch einmal um: »Ich war der Maschkera!«, ruft er zurück, und lacht sein opulentes Lachen.

Genug gespielt

Von Andreas Dorschel

Dass Sprache ein Spiel sei oder aus Spielen bestehe, versichert Martin Seel in seinem 2023 erschienenen Buch *Spiele der Sprache*.[1] Die Botschaft wird niemanden mehr überraschen. Vor rund siebzig Jahren, als Ludwig Wittgensteins *Philosophische Untersuchungen* aus dem Nachlass veröffentlicht wurden, schien der Blick auf die Sprache vom Spiel her allerdings erstaunlich. Kinder zeigen ihre Spielzeuge, doch Erwachsene verbergen sie üblicherweise – ich, mag Wittgenstein sich gedacht haben, zeige die Spielzeuge: Es sind die Worte und alles, was dazugehört. Der Schein des Neuen, Frischen, Aufschließenden daran, Sprache als Spiel, genauer: als Spiele zu sehen, mag getäuscht haben, aber er war zwei oder drei Jahrzehnte wirksam, sicherlich bis in die 1970er Jahre.

Seitdem verfestigten sich die Sprachspiele im philosophischen Jargon. Über die Philosophie hinaus schwollen sie zum Gemeinplatz. Mit Instinkt für die Phrase gemeindete Lyotard die *jeux de langage* in die Postmoderne ein. Das Sprachspiel sank ab zu Halbbildungsgut; da unten liegt es nun in seltsamer Nachbarschaft unweit von Derridas Dekonstruktion, die lediglich rascher verkümmerte: von einer Art Geheimkunst ihres charismatischen Erfinders zu einer beliebten Verfahrensweise in Proseminararbeiten geisteswissenschaftlicher Bachelorstudien. Rührt im Fall der Sprachspiele der betrübliche Ausgang der Ideengeschichte daher, dass Wittgensteins ursprüngliche Einsicht verschüttet wurde? Oder war möglicherweise der Gedanke bereits an der Quelle, oder vermeintlichen Quelle, trüber als viele, bis hin zu Seel, meinten und meinen?

»Hauptfigur dieses Buches«, eben der *Spiele der Sprache*, sei Ludwig Wittgenstein, schreibt Seel. Auf welche Weise also hatte der Autor der *Philosophischen Untersuchungen* das Spiel ins Nachdenken über Sprache eingeführt? Das Wort »Spiel« fällt zuerst in § 7 der *Untersuchungen*; doch dieser bezieht sich zurück auf § 2. Dort exponiert Wittgenstein ein erfundenes Beispiel, von dem her er weiterdenken möchte: »Die Sprache soll der Verständigung eines Bauenden A mit einem Gehilfen B dienen. A führt einen Bau auf aus Bausteinen; es sind Würfel, Säulen, Platten und Balken vorhanden. B hat ihm die Bausteine zuzureichen, und zwar nach der Reihe, wie A sie braucht. Zu dem Zweck bedienen sie sich einer Sprache, bestehend aus den Wörtern: ›Würfel‹, ›Säule‹, ›Platte‹, ›Balken‹. A ruft sie aus; – B bringt den Stein, den er gelernt hat, auf diesen Ruf zu bringen.«

In § 7 der *Untersuchungen* fährt Wittgenstein fort: »Wir können uns auch denken, daß der ganze Vorgang des Gebrauchs der Worte in (2) eines jener Spiele ist, mittels welcher Kinder ihre Muttersprache erlernen. Ich will diese Spiele ›*Sprachspiele*‹ nennen, und von einer primitiven Sprache manchmal als einem Sprachspiel reden. Und man könnte die Vorgänge des Benennens der Steine und des Nachsprechens des vorgesagten Wortes auch Sprachspiele nennen. Denke an manchen Gebrauch, der von Worten in

1 Martin Seel, *Spiele der Sprache*. Frankfurt: Fischer 2023.

Reigenspielen gemacht wird. Ich werde auch das Ganze: der Sprache und der Tätigkeiten, mit denen sie verwoben ist, das ›Sprachspiel‹ nennen.«[2]

Wittgenstein erwog, so berichtet Maurice O'Connor Drury, seine Schriften unter das Motto »I'll teach you differences«, nach Shakespeares *King Lear*, zu stellen.[3] Doch in § 7 der *Untersuchungen* verwischt er eher eine Differenz, als dass er eine solche lehrte. Denn sowohl das Ganze als auch das, was in ihm vorkommt, mit dem selben Wort zu belegen, klärt nie etwas. Man kann sich manchmal damit abfinden, indem man beim selben Wort an den nicht genannten Unterschied denkt. Die Katzen *(Felidae)* sind eine Familie in der Ordnung der Raubtiere *(Carnivora)*. Zu ihnen zählen Löwe und Tiger ebenso wie die Hauskatze *(Felis catus)*, letztere meist »Katze« genannt. Unter den (Haus)Katzen wiederum werden die weiblichen als »Katzen« bezeichnet, die männlichen hingegen als »Kater«.

Es kommt also die Katze in der Katze in der Katze vor, und bei Wittgenstein das Sprachspiel im Sprachspiel, etwa das Sprachspiel des Bauenden und seines Gehilfen, im Sprachspiel, nämlich der Sprache samt Kontext im »Ganze[n]«. Die etwas missliche mehrfache Bedeutung von »Katze« ist Resultat der Sprachgeschichte und vorläufig irreparabel. In § 7 der *Untersuchungen* hingegen stipuliert Wittgenstein Bedeutungen. Es ist nicht leicht zu sehen, weshalb, wenn man schon neuert, derart Verschiedenes mit dem selben Wort belegt werden sollte.[4]

Wittgensteins Beispiel, der Austausch zwischen A und B, ist erfunden. Dennoch lässt sich fragen, ob der Vorgang ein Spiel ist. Aus Sicht des Bauenden und seines Gehilfen wäre er keines. Für sie wäre er Teil ihrer Plackerei, das Gegenteil eines Spiels. Diesen Umstand sollte eine Philosophie, welche den gewöhnlichen Sprachgebrauch respektieren und keine *termini technici* gegen ihn durchsetzen will, als maßgebend erachten. Den Anschein von Spiel kann jene Abfolge von Rufen und Handlungen nur für jemanden erwecken, der davon absieht, um was es sich wirklich handelt, nämlich um Arbeit. Persönlich war Wittgenstein kein Snob; doch die Bezeichnung »Sprachspiel« ist intellektueller Snobismus. Aus der Perspektive eines müßigen Zuschauers wird ein Aspekt der Situation heraus- und herangezogen: nämlich dass Zug auf Zug folgt wie im Schachspiel; unter diesem Aspekt lässt sich der Vorgang als Spiel etikettieren. Mehr als ein Etikett ist das Wort dann aber auch nicht. A und B wüssten vermutlich, was es heißt, mit Sprache zu spielen, etwa wenn sie beim Schwatz in der Mittagspause einander dies oder jenes Wortspiel unterjubelten.

2 Ludwig Wittgenstein, *Philosophische Untersuchungen – Philosophical Investigations* [1953]. Hrsg. v. P. M. S. Hacker u. Joachim Schulte. Oxford: Wiley-Blackwell 2009. Ausgearbeitet wird die Idee aus § 2 zu Beginn von *Eine philosophische Betrachtung* (*Das Braune Buch*) in: *Werkausgabe*. Bd. 5. Berlin: Suhrkamp 2021.

3 Maurice O'Connor Drury, *Conversations with Wittgenstein* [1929–51]. In: John Hayes (Hrsg.), *The Selected Writings of Maurice O'Connor Drury*. London: Bloomsbury 2017.

4 P. M. S. Hacker, *Insight and Illusion*. Oxford: Clarendon Press 1972: »A concept ranging over so wide and disparate phenomena is not obviously perspicuous or useful.«

Dass Wittgenstein meinte, einem solchen Einwand zu entgehen, zeichnet sich in dem Passus der *Philosophischen Untersuchungen* ab, ohne dass es ganz deutlich ausgesprochen wäre. In zweierlei Sinn redet Wittgenstein in § 7 von Spielen: einerseits im wörtlichen Sinn, wie etwa im Fall der »Reigenspiele« der Kinder, andererseits im übertragenen, von ihm neu eingeführten Sinn mit Blick auf Weisen der Verwendung von Sprache, die man üblicherweise nicht als »Spiele« bezeichnen würde. Wie bemerkt: Bauarbeiter, die ihre Arbeitsschritte aufeinander abstimmen, indem sie einander zurufen, was sie brauchen, betrachten ihre Wortwechsel nicht als Spiel. Entscheidend wird dann die Formulierung: »Wir können uns auch denken, daß der ganze Vorgang des Gebrauchs der Worte in (2) eines jener Spiele ist, mittels welcher Kinder ihre Muttersprache erlernen.« Aus dieser Formulierung spricht die Überzeugung, dass Kinder ihre Muttersprache, deren alltäglicher Gebrauch gemeinhin nicht als Spiel gilt und auf den erst Wittgenstein diese Bezeichnung übertrug, durch Spiele mit der Sprache, im Sinne der wörtlichen Bedeutung von »Spiel«, erwerben.

Als Beispiel von Spielen im wörtlichen Sinne nennt Wittgenstein in dem Passus nur »Reigenspiele«. Darunter versteht man Spiele, bei denen sich die Spielenden, oft unter Musik- und Gesangsbegleitung, im Kreis bewegen. Sie sind weitverbreitet und alt; die Griechen nannten sie *choros* oder *choreia*. Dass Kinder durch solche Spiele ihre Muttersprache erwerben, ist eine empirische Behauptung Wittgensteins. Die empirische Spracherwerbsforschung belegte sie weder vor achtzig Jahren, als Wittgenstein schrieb, noch heute. »Reigenspiele« und ähnliches setzen elementare Sprachbeherrschung schon voraus, können sie also nicht hervorbringen. Kinder vermögen meist bereits im Alter von zehn bis vierzehn Monaten erste Wörter zu gebrauchen. Spiele müssen wohl nicht, können jedoch zugestandenermaßen eine Rolle im Spracherwerb spielen; Letzteres indes rechtfertigt nicht die eminente Rolle, die Wittgenstein Spielen zumisst, um in Konsequenz die Sprache insgesamt – »the totality of language«, in der Formulierung seines Exegeten Peter Hacker – zu einem solchen zu erklären: »Ich werde auch das Ganze: der Sprache und der Tätigkeiten, mit denen sie verwoben ist, das ›Sprachspiel‹ nennen.«

Mit dem Hinweis auf die Rolle von Spielen im Erlernen der Muttersprache entfällt die einzige Begründung, die Wittgenstein dafür gibt, von Sprache als einem Spiel zu sprechen. Was dann bleibt, ist die schiere Ankündigung des Entschlusses, eben dies zu tun. Diese Ankündigung leitet die *Philosophischen Untersuchungen*; immer wieder kommt Wittgenstein auf den Ausdruck »Sprachspiel(e)« zurück. Die Frage ist aber, was genau mit einer solchen Redeweise gewonnen wird und was verloren geht.

Dass Sprache ein Spiel sei oder aus Spielen bestehe, gilt seit Wittgenstein wenngleich nicht durchweg, so doch weithin als selbstverständlich – in einigen Fällen sogar seinen Kritikern.[5] Nun wird

5 Selbst Ernest Gellner, der in *Words and Things* (Boston / Mass.: Beacon Press 1960) Wittgensteins Spätphilosophie ansonsten scharf kritisiert, hat an diesem Punkt keine Zweifel mehr: »Note that the very insight – the view of language as a set of behavioral games – is […] a truism: in a sense, this is indeed what languages are.«

ja manchmal tatsächlich mit und in der Sprache gespielt. Shakespeares Hamlet stört sich daran, dass Claudius ihn fortwährend seinen Sohn nennt. Als sein Stiefvater ihn fragt: »How is it that the clouds still hang on you?« – wie es denn komme, dass immer noch Wolken über ihm hingen, er also weiter seinem Vater, dem alten König Hamlet, nachtrauere –, entgegnet der Angesprochene: »Not so, my lord; I am too much i' th' sun.« »Sun« und »son«, »Sonne« und »Sohn«, vermitteln mit Blick auf die Frage gegensätzlichen Sinn, doch die Worte klingen im Englischen gleich. Ihr Janusgesicht macht Hamlet zu seiner Maske. Mit Grund erwartet er, Claudius werde die doppelbödige Antwort nicht begreifen.

Die Partie, die hier ausgetragen wird, spielt einerseits zwischen Laut und Sinn, andererseits zwischen Sprecher und Hörer: Wer ist Herr der Bedeutung, der Prinz oder der neue König? In Analogie zu Spielen, die mit Glaubenmachen (»make-believe«), zum Beispiel Verkleidungen, arbeiten, könnte man sagen, der Sohn Hamlet markiere einen, der »in der Sonne« (»in the sun«) ist. Die Zuschauer sollen das Spiel als Spiel erkennen – sie müssen begriffen haben, dass über Hamlet keine Sonne steht. Das erklärt, weshalb Shakespeare so formulieren konnte und weshalb er so formulierte.

Doch wozu taugt Hamlets Antwort auf Claudius innerhalb der Handlung? Warum sagt er, was er sagt, wenn es nicht dem Zweck der Mitteilung dient? Er tut es aus Lust am Spiel. Sie ist nahezu die einzige Lust, die Hamlet bleibt; darum jagt in seiner Rede ein Spiel mit der Sprache das andere: »A little more than kin, and less than kind«; »Ay madam, it is common«. Eben diese Lust am Spiel ist auch eine des Publikums, das mehr versteht als die Figuren auf der Bühne.

»Spiele der Sprache sind Spiele mit ihr«, behauptet Seel. Diese Behauptung lässt sich nicht vereinbaren mit seiner anderen, für das Buch zentralen These, Sprache selbst sei ein Spiel, und zwar ein unvermeidliches: »Dieses eine Spiel müssen wir spielen.« Spiele mit der Sprache wie das Hamlets, diese durchaus vermeidbaren Spiele, können einem nur als solche auffallen, sofern vorausgesetzt wird, Sprache sei nicht durchweg oder insgesamt ein Spiel. Die stets wiederholten Versicherungen, nun auch wieder bei Seel, die Spiele der Sprache seien eben verschieden, bleiben dürftig. Solche Spiele mögen, wo es sie gibt, verschieden sein. Doch erst der Kontrast zu dem, was alles in und an der Sprache nicht Spiel ist, lässt die Eigentümlichkeit von Spielen mit der Sprache hervortreten.

In seinen Erinnerungen an Wittgenstein schreibt Norman Malcolm: »Eines Tages, als Wittgenstein an einem Feld vorbeiging, auf dem Fußball gespielt wurde, kam ihm zum ersten Mal der Gedanke, dass wir Spiele mit Worten spielen. Der Ursprung einer zentralen Idee seiner Philosophie, der Begriff des ›Sprachspiels‹, lag offenbar in dieser Begebenheit.«[6] Philosophie, einmal aus dem vollen Leben ge-

6 Norman Malcolm, *Ludwig Wittgenstein: A Memoir* [1958]. Oxford: Clarendon 2001: »One day when Wittgenstein was passing a field where a football game was in progress the thought first struck him that in language we play games with words. A central idea of his philosophy, the notion of a ›language-game‹, apparently had its genesis in this incident.«

griffen. Doch sofern dieser Disziplin ein systematisches Umwandeln von Eingebungen in Zweifel obliegt, ergibt alle Emphase auf Leben und Natur mit Blick auf sie fragwürdige Lobsprüche. Ist Reden wirklich wie Fußballspielen? Seel zitiert Hans-Georg Gadamer mit der Bemerkung, »Wittgensteins Begriff der ›Sprachspiele‹« sei ihm »ganz natürlich« vorgekommen. Es steht mit den Sprachspielen wie meist mit dem »ganz Natürlichen«: Bei näherem Hinsehen zeigt sich, inwiefern es entstellt ist und inwiefern es seinerseits entstellt. Denn weshalb sollte man etwas als Spiel bezeichnen, bei dem keinem der Beteiligten nach Spielen zumute ist?

Wer das Geständnis, das dem Geschundenen auf der Folterbank abgepresst wird, auch nur als Beitrag zu einem der vielen Sprachspiele registrieren kann, hat ersichtlich wenig Ahnung von der Gewalt, die sowohl der Sprache auflauert als auch in ihr lauert. Sprachspiel: Das ist nicht zuletzt ein allzu possierliches Wort. Und zwar auch dann, wenn derjenige, der spricht, die Gewalt nicht selber erleidet. Wer über den Tod von Zivilisten in der Ukraine durch Bomben der russischen Armee schreibt, spielt kein Spiel. Aber man braucht nicht einmal an Gewalt zu denken. Auch wer einen Kaufvertrag für ein Haus aufsetzt oder wer in *Nature* einen Artikel darüber veröffentlicht, wie Hitze sich in flüssigem Helium-3 ausbreitet, spielt kein Spiel – in einem irgendwie aufschlussreichen Sinn des Wortes »Spiel«. Gewiss, die Verfasser solcher Texte folgen Regeln – Regeln der Grammatik (im traditionellen Sinn, nicht in der extravaganten Bedeutung, die Wittgenstein dem Wort umhängt), Regeln der Berichterstattung, Regeln juristisch unanfechtbaren Formulierens, Regeln wissenschaftlicher Darstellung –, so wie manche, aber nicht alle Spieler Regeln folgen.

Doch die Rolle von Regeln in der Sprache lässt sich ohne Rekurs auf Spiele erläutern. Spielregeln, wie im Fußball, sind Regeln der Sprache teils durchaus unähnlich. Und Regeln folgt allerhand menschliches Verhalten: Dies ist kein Spezifikum von Spielen. Zur methodischen Erweiterung des Wissens von der Welt, die man Wissenschaft nennt, gehören unter anderem, je nach Disziplin unterschiedliche, Regeln. Wäre es hilfreich oder gar »unschätzbar«, wie Seel es Wittgenstein mit Blick auf die Rede von Sprachspielen nachrühmt, deshalb von »Wissensspielen« zu reden? Auch solche Spiele gibt es ja, Kreuzworträtsel zum Beispiel;[7] dennoch scheint bisher niemandem der grundstürzende Einfall gekommen zu sein, analog der Verallgemeinerung vom Reigen zur Sprache als Spiel, vom Kreuzworträtsel ausgehend auf Wissen als Spiel zu generalisieren. Antragstellern für Drittmittelprojekte sei diese innovative Idee – *high risk, high gain* – hiermit gratis zur Verfügung gestellt.

Keine Eigenschaft lässt sich auffinden, die allen Spielen gemeinsam wäre. Doch manche Eigenschaften sind immerhin vielen Spielen gemeinsam. Die meisten Spiele spielen Menschen zu ihrem Vergnügen. Da die sogenannten Sprachspiele Sitzungsprotokolle, Litaneien, Ultimaten, Laborberichte und Polizeiverhöre einschließen, ist vergnüglicher Charakter offenbar nicht die weitverbreitete Eigen-

7 Thomas Lilge / Christian Stein (Hrsg.), *Spielwissen und Wissensspiele. Wissenschaft und Game-Branche im Dialog über die Kulturtechnik des Spiels*. Bielefeld: transcript 2018.

schaft von Spielen, welche die Rede von Sprachspielen erhellend machen würde. Was dann? In den 1950er Jahren fielen Roger Caillois einige Züge an Spielen auf, die in ihnen, wie der französische Schriftsteller bemerkte, entweder für sich allein aufträten oder miteinander verbunden würden. Caillois nannte sie erstens *agōn*, Wettkampf, zweitens *alea*, Zufall, drittens *mimicry*, das Schlüpfen in die Rolle eines oder einer anderen, und viertens *ilinx*, Rausch.[8]

Erstens: Viele Spiele lassen sich gewinnen – und folglich auch verlieren. Doch es ist alles andere als klar, in welchem Sinn man ein sogenanntes Sprachspiel wie Grüßen, Beten, Danken oder Berichten gewinnen oder verlieren könnte. In einem Redewettbewerb kann man siegen oder leer ausgehen – nicht jedoch, weil er in Sprache geführt wird, sondern weil er als Konkurrenz organisiert ist, etwa wie ein Tanzwettbewerb oder ein Sportwettkampf. Auch die agonale Beschaffenheit mancher Spiele wirft also kein Licht auf den Charakter der Sprache.

Zweitens: In manchen Spielen, wie beim Würfeln oder im Roulette, kommt dem Zufall eine Hauptrolle zu. Doch sprachliche Äußerungen sind jedenfalls keine Zufallsbildungen im Kehlkopf.

Drittens: Die Maske, im wörtlichen oder übertragenen Sinn, als Merkmal mancher Spiele, verschafft der Rede von Sprachspielen ebenso wenig eine Rechtfertigung. Theaterspiel, mit oder ohne Worte, gibt es nur im Unterschied zu einem Alltag, der kein Theater ist. Das weiß in Wahrheit selbst Hamlet. Wäre alles Theater, dann wäre nichts mehr Theater; die Maske würde zum Gesicht.

Viertens endlich: Kindern, die sich um die eigene Achse drehen, bis der Drehwurm einsetzt, beschert ihr Spiel einen kleinen Rausch, und die Sprünge der Akrobaten im Zirkus lassen die Menge im Rund den Atem anhalten. Auch diese Wirkung ist nicht geläufig vom Lesen einer Gebrauchsanleitung, vom Berichten, Lehren, Prüfen, Ermahnen, von Erkundigungen nach dem Weg und anderen verbreiteten sogenannten Sprachspielen. Zwar kann, wie man weiß, fast alles zur Droge werden; doch wenn es um Sprachgebrauch geht, ist das allenfalls ein Thema am Rande.

Caillois bot keine Systematik, bloß eine Liste. Er erhob demgemäß nicht den Anspruch auf Vollständigkeit; manche Spiele mögen andere Pointen haben. Doch zahlreiche Spiele sind durch Caillois' vier Aspekte treffend charakterisiert – und es ist bezeichnend, dass keiner von ihnen gut auf Sprache passt. Der Rede von Sprachspielen mangelt aufschließende Kraft; was Wittgenstein an Einsichten formulierte, verdankte er jedenfalls nicht dieser Figur. Dass er zu ihr griff, hatte dennoch einen Grund, einen guten sogar, der inzwischen freilich hinfällig wurde – nicht zuletzt Wittgensteins selber wegen.

Wittgenstein versprach sich von seinen Überlegungen therapeutische Wirkung; eine solche haben sie in der Tat gehabt. Sein Denken hat die Sprachphilosophie der zweiten Hälfte des 20. Jahrhunderts so ziemlich geheilt vom Hochtrabenden, etwa folgender Art: »Sie [die wahre Auffassung der Sprache] besagt: *im Namen teilt das geistige Wesen des Menschen sich Gott mit.* Der Name hat im Bereich der Sprache einzig diesen Sinn und die-

8 Roger Caillois, *Les jeux et les hommes*. Paris: Gallimard 1958.

se unvergleichlich hohe Bedeutung: daß er das innerste Wesen der Sprache selbst ist. Der Name ist dasjenige, *durch* das sich nichts mehr, und *in* dem die Sprache selbst und absolut sich mitteilt. Im Namen ist das geistige Wesen, das sich mitteilt, *die* Sprache.«[9]

Mit solchem theologischen Bumbum kam Wittgensteins Zeitgenosse Walter Benjamin daher; sein Text war dem Verfasser des *Tractatus* und der *Philosophischen Untersuchungen* nicht geläufig, doch er kannte derartigen Bombast aus der Welt, in der er aufwuchs, zur Genüge. Als Wittgenstein dann zur Sprache Ringelreihen statt des innersten Wesens und der absoluten Selbstmitteilung einfiel, schlug die Behandlung an: Viele wurden vom salbungsvollen Schwulst kuriert. Seit die *Philosophischen Untersuchungen* in den Kanon der Philosophie des 20. Jahrhunderts gelangten, sucht kaum noch jemand feierlichen Kitsch in Benjamin'scher Manier als Beitrag zur Sprachphilosophie unter die Leute zu bringen. Eine gegenüber der Bildenden Kunst um dreißig Jahre verspätete Neue Sachlichkeit hielt dank Wittgenstein, wenngleich erst mit seiner postumen Wirkungsgeschichte, Einzug ins Fach, jedenfalls in dessen bessere Abteilungen. Der therapeutische Erfolg dieser Profanierung macht indes die Behauptung, Sprache sei ein Spiel, oder ein Plural solcher, nicht wahrer. Manche Gedanken sind nun einmal heilsam, aber falsch.

Was also bleibt unter dem Strich? Die Behauptung, Sprache sei ein Spiel, kann entweder wörtlich gemeint sein oder metaphorisch. Im ersten der beiden Fälle ist sie, wie sich zeigte, meist unzutreffend. Im zweiten Fall handelt es sich, wie sich ebenfalls zeigte, um eine schlechte Metapher – schlecht, weil sie wenig klärt und vieles verunklart. Genug gespielt.

9 Walter Benjamin, *Über Sprache überhaupt und die Sprache des Menschen*. In: Ders., *Gesammelte Schriften*, Bd. II/1. Hrsg. v. Rolf Tiedemann u. Hermann Schweppenhäuser. Frankfurt: Suhrkamp 1991.

Schwerin-Süd oder Die Zeitlang

Von Susanne Neuffer

Eine unbestimmte Sehnsucht ist ausgebrochen. Eine Art Zeitlang, wie man im Süden sagt, etwas wie Verlangen, Heimweh. Nach der langen Rückfahrt via Schwerin-Süd muss sie blättern, nachlesen, Erinnerungsbilder überprüfen.

Zeitlang macht sich leise bemerkbar, als sie in Schwerin-Süd ankommt, hat sich aber wohl schon auf der langen, ruhigen Bahnfahrt dorthin ausgebreitet. Nach Schwerin-Süd kommt man, wenn man das Deutschland-Ticket benutzt, um von Berlin nach Hamburg zu fahren. Das hat jetzt nichts mit den Sünden und Nachlässigkeiten der Bahn zu tun.

Wie kommen Entscheidungen zustande?

Der ernsthafte Teil des Berlin-Besuchs ist vorüber – ein Interview mit Architekturstudenten, die Kirchen zu Kühlräumen für die nächsten heißen Sommer umwidmen wollen. Sie haben lebhaft über Versicherungsfragen, Schutz des sakralen Raums, Teeküchen, verborgene Sanitärräume, Umgruppierung von Kirchenbänken geredet. Sie haben sauber gebastelte Modelle gezeigt, im fröhlichen Widerstand gegen kulturelle Vorbehalte und angekündigten Untergang. Sie wird daraus einen konsumierbaren Artikel für die Sonntagszeitung machen, mit einem nur leicht dystopischen Unterton. Alles andere wäre unfair.

Am frühen Nachmittag findet sie sich unentschlossen im Humboldt-Forum wieder, obwohl die jungen Leute sie gewarnt haben, stochert im Bistro im Innenhof in einem langschiffig angeordneten orientalischen Gericht und versucht, an Kaltes zu denken, damit die Schweißbäche aufhören, an ihr herunterzulaufen. Die Stadt ist heiß, das Humboldt-Forum liegt weißgelb und hitzeklirrend in der Sonne. Vermutlich hat sie da das erste Mal an Algier und die große Hitze am Strand gedacht, von der sie vor Jahren gelesen hatte.

Über das Humboldt-Forum gibt es nichts zu denken oder zu sagen, was nicht schon gesagt wurde. Sie lässt die Flyer mit den Ausstellungen und den dazu passenden Verkehrsverbindungen zu Boden fallen, sieht ihnen beim müden Wegflattern zu. Wieder einmal resigniert sie vor den Verheißungen der Stadt, sucht den Weg nach Spandau und springt – ach, sie wirft sich – beinahe in den falschen Zug nach Nauen und dann doch noch mit einer entschlossenen Wendung in den richtigen nach Schwerin, der geduldig auf sie gewartet hat. Beide Lokomotiven schauen gleichgültig nebeneinander in die Sonne.

Namen, Bilder. Gabriel Marcel stand zwar in den Übersichten und philosophischen Wörterbüchern, aber er wurde damals nicht gelesen, nicht von ihr und auch nicht von den anderen um sie herum. Es musste schon Existenzialismus pur sein, wenigstens für eine gewisse Zeit. Überhaupt musste vieles, alles pur sein. Der Gedanke an Reinheit spielte in jenen Jahren, als man lernte, eine große Rolle.

Da ist Camus in seinem weißen Hemd, das Gesicht der Sonne zugewandt. In einem Kinderfilm könnte er einen kleinen Fuchs auf dem Arm halten, und aus dem Nebel, der Rauch aus einem abgestürzten Flugzeug ist, träte zögernd ein anderer, der, dem das Tier eigentlich gehört.

Nachsehen, wer zuerst gestorben ist.

Im vollen Zug nach Schwerin-Süd wird lebhaft geredet. Eine Frau erzählt von Angelferien in Norwegen, von der Größe der Dorsche, ein zugehöriger Mann nickt bestätigend, dann geht es um ein Hochzeitsgeschenk, das bald in einem der nächsten Orte fällig wird. Für ein neues Schlafzimmer sammeln? Oder doch was Persönliches? Man wird das noch klären, die Anglerin hat die Liste, man kann sich an sie wenden.

Hinter Nauen leert sich der Wagen allmählich. Die Leute, denen sie eine Weile zuhören konnte, steigen nacheinander aus. Sie wohnen nur wenige Stationen voneinander entfernt, wie es scheint.

Vom Zug aus sieht sie wenig, es sind meist nur die Namen der Orte sichtbar, manchmal ein Bahnhofsgebäude, Bewohntes bleibt verborgen. Später, zuhause, lässt sich ermitteln, dass Falkensee ein Kulturhaus »Johannes R. Becher« hat, Paulinenaue eine große Eisenbahngeschichte. In Friesack scheint man heftige Schaumpartys zu feiern. Neustadt (Dosse) ist stolz auf seine Pferde. Breddin hat einen Ortsteil, der Abbau heißt, Glöwen stellt Bilder seiner Kreuzung ins Netz, in Bad Wilsnack gibt es eine Therme und Kurkonzerte. Karstädt hat eine neue Website, auf der steht, dass Karstädt eine neue Website hat. Grabow verweist auf sein Museum.

Da draußen ist das Fremde, das für andere etwas ganz Selbstverständliches ist. Wo sie wohnen und zu Abend essen. Auf dem Balkon, auf der Terrasse auf eine Abkühlung warten, die nur langsam kommt, oder heute nicht mehr. Wo sie die Geschichten weitererzählen.

Kurz vor Ludwigslust ist sie eine Weile verunsichert. Hier müsste man aber doch aussteigen und auf einen Zug nach Hamburg warten können? Sie erinnert sich, dass sie am Morgen, als sie noch pünktlich sein wollte, mit dem ICE durch Ludwigslust gekommen ist. Hat er gehalten? Es ist zu heiß, um zu recherchieren. Wenn sie das Gerät aus der Tasche holt, wird es schmelzen, heißer, klebriger Kunststoff wird auf ihre Hand tropfen und sich qualmend auflösen. Sie trifft eine Entscheidung. Sie wird sitzen bleiben bis Schwerin-Süd und dort in den Zug nach Hamburg steigen, wie vorgesehen. Wie schwierig auch scheinbar kleine Entscheidungen sind. Man könnte fehlgehen, herumstehen, zu einer Kette von weiteren Entscheidungen verurteilt sein.

Der Bahnhof von Lübow ist einfach nur ein Bahnhof zwischen Feldern und Wiesen, Rastorf hat ein Kriegerdenkmal, Sülstorf hat die Komturei eines Johanniterordens und eine Gedenkstätte.

Holthusen hat auch ein Kriegerdenkmal und ist die letzte Station vor Schwerin-Süd.

Beim Wiederlesen zuhause fallen die Wissenskrusten ab wie Grind von einem verheilten Kinderknie. Bilder schieben sich nach vorn. Bei Sartre sind es die Toten, die zwischen den Lebenden herumirren, sich an ihnen vorbeidrängen, sie beobachten, ohne eingreifen zu können. Im Zug nach Schwerin wäre das optisch ein ziemliches Gedrängel gewesen, all die Toten, die sich höflich, aber ein wenig ungeduldig durch die Wagen bewegen, sich auf die freien Plätze setzen, ungesehen und ungespürt weghuschen, wenn sich jemand auf den scheinbar freien Platz setzen will oder sich schon dort niedergelassen hat. Und die Toten aus dem KZ-Zug, denen man in Sülstorf die Gedenkstätte errichtet hat, stünden schweigend auf dem Bahnsteig.

Die Taschenbücher sind grau, die Schrift ist klein, vieles, das meiste ist unterstrichen. Hat sie damals unterstrichen, was sie verstanden hat? Oder wusste sie einfach, was man unterstreichen musste? In einer Literaturgeschichte ein Bild von Bernard Buffet: Saint-Germain-des-Prés, ein seltsam provinzielles Bild, keine Menschen auf den Straßen, eine Kirche, die auch in einer Kleinstadt stehen könnte, grüngraue Farbtöne, große Stille. Ohne Quellenangabe, ohne Jahreszahl. Im Netz findet sie das Werk in zahllosen Varianten, mal mit einem leeren Kiosk oder einer Telefonzelle, mit zwei oder vier Bäumen, mit hellem oder auch dunklem Mauerwerk. Es scheint kein Original zu geben, nur eine endlose Wiederholung, ein Kreisen um ein Sujet, das beliebig verändert werden konnte.

Dann ist Schwerin-Süd da. Die Zeit wird reichen, Wasser zu kaufen. Eine große Flasche. Ein Eis vielleicht.

Neben dem Bahnsteig, halb im Gebüsch, steht ein Polizeiauto. Es ist offenbar niemand gekommen, der in das Polizeiauto steigen möchte.

Man muss über die Gleise laufen, um auf die andere Seite zu kommen, wo ein Zug nach Hamburg kommen soll. Hamburg wird nicht angezeigt, aber Ludwigslust. Na also.

Es gibt keinen Kiosk. Es gibt keine Toilette, nur ein paar Büsche, dahinter Parkplätze. Eine Stadt ist nicht zu sehen. Ein paar Leute werden abgeholt oder haben ihr Auto am Parkplatz. Die anderen – es formt sich gerade ein verunsichertes Gemeinsames – stehen unschlüssig in der Sonne. Man weiß ja, was die Sonne anrichten kann, wenn sie einen an einem heißen Tag in die Augen sticht. Ein Zug kommt, er fährt nach Charlottenburg, also zurück. Es wäre gut, eine Landkarte zu haben.

Das Polizeiauto ist noch immer da. Es sind zwei, ein Mann und eine Frau, sie sind ausgestiegen und warten. Warten. Wäre es nicht so heiß, hätten sie einen guten Job. Warten auf – sagen wir: auf Gustav. Wenn ein Zug aus Berlin-Spandau kommt, kann der Erwartete doch Gustav heißen, irgendwo in Berlin wird doch jemand Gustav heißen und womöglich ein aus der Zeit gefallener Taschendieb sein. Und wenn er kommt? Dann rennen wir!

Jemand macht einen Scherz: Ob die Polizisten wohl auf die Kleber warten. Es klingt nicht unfreundlich, eher wie etwas, mit dem man in diesen Tagen ganz selbstverständlich rechnet.

Natürlich geht dann alles gut, ein Zug, in dem weitgehend geschwiegen wird, was ihr dann auch nicht so recht ist, fährt tatsächlich über Ludwigslust nach Hamburg.

Bleibt also, sich über Ludwigslust Gedanken zu machen, das in einer gewissen Ferne sehr geordnet, rechteckig im Abendlicht liegt. Wie eine französische Kleinstadt, mit einem Kriegerdenkmal, einer Apotheke, einer Bar und einem Lycée.

Aus dem Torbogen des Lycée, aber das ist jetzt das sommerliche Marseille oder Paris, kommt eine Frau mit Büchern unter dem Arm, einem Seidenschal als Turban um den Kopf. Sie wird heute Abend die Aufsätze ihrer Schülerinnen über die »Lettres Persanes« entschlossen von sich wegschieben und sich über ein angefangenes Manuskript beugen. Jemand wird sie dabei fotografieren. Das Bild wäre zu überblenden mit einer Szene, in der eine andere Frau das Haus verlässt, in einer sehr weit entfernten Stadt unserer Tage. Auch dort ist es heiß. Dort war es schon immer heiß. Ihr Blick hat noch kurz die Schals und Tücher gestreift, die an der Garderobe hängen, keins davon wird sie zur Sicherheit in ihrer Tasche mitnehmen. Sie sieht kurz in den Spiegel, wirft die Haare mit jener ikonischen, noch neuen Bewegung zurück. Dann zieht sie die Tür hinter sich zu und geht auf die Straße hinaus.

Der Merkur im Internet: Aktuelle Interventionen und Kommentare, Reaktionen auf Texte in der Druckausgabe, Blicke ins Archiv, Hinweise zu Tagungen und Links zu lesenswerten Artikeln und Essays online, zu finden unter:

www.merkur-zeitschrift.de/blog/

Demnächst:

Danilo Scholz
Algerien als Matrix

Albrecht Koschorke
Fluch der Macht

Jens Soentgen
Wunden und Wälder